TARÔ DO CONJURADOR MODERNO

Manual do Conjurador

TARÔ DO CONJURADOR
— MODERNO —

Melanie
MARQUIS

ILUSTRADO POR
Scott
MURPHY

TARÔ DO CONJURADOR MODERNO
Traduzido de: *The Modern Spellcaster's Tarot*

Direitos autorais © 2016 Melanie Marquis
Publicado originalmente por Llewellyn Publications
Publicado no Brasil pela © 2023 Editora Nova Senda

Tradução: Renan Papale Revisão: Luciana Papale
Diagramação: Décio Lopes Ilustrações: Scott Murphy

DADOS INTERNACIONAIS DE CATALOGAÇÃO NA PUBLICAÇÃO
Angélica Ilacqua CRB-8/7057

Marquis, Melanie

Tarô do Conjurador Moderno / Melanie Marquis; ilustrado por Scott Murphy; tradução de Renan Papale. São Paulo: Editora Nova Senda, 2023. 1ª edição. 256 páginas: il.

Acompanha 78 cartas
ISBN 978-65-87720-22-7
Título original: *The Modern Spellcaster's Tarot*

1. Tarô 2. Cartomancia 3. Magia Oracular I. Título

23-3519   CDD 133.3

Índices para catálogo sistemático:

1. Tarô   133.3

Proibida a reprodução total ou parcial desta obra, de qualquer forma ou por qualquer meio, seja eletrônico ou mecânico, inclusive por meio de processos xerográficos, incluindo ainda o uso da internet sem a permissão expressa da Editora Nova Senda, na pessoa de seu editor (Lei nº 9.610, de 19/02/1998).

Direitos de publicação no Brasil reservados para Editora Nova Senda.

EDITORA NOVA SENDA
Rua Jaboticabal, 698 | Vila Bertioga | São Paulo/SP
CEP 03188-001 | Tel. 11 2609-5787
contato@novasenda.com.br | www.novasenda.com.br

Dedico este conjunto de baralho e livro de Tarô a Carl Llewellyn Weschcke, um Rei de Copas, se é que já houve um.

Obrigada por inspirar e informar os buscadores mágicos e espirituais do passado, presente e futuro, e por compartilhar sua luz com o mundo de forma tão brilhante.

Sobre Melanie Marquis

Melanie Marquis é criadora do *Tarô do Conjurador Moderno* (ilustrado por Scott Murphy), publicado no Brasil pela Editora Nova Senda, e autora de vários outros livros, incluindo *A Witch's World of Magick*, *The Witch's Bag of Tricks*, *Beltane e Lughnasadh*. Fundadora do United Witches Global Coven e coordenadora local do Pagan Pride Project, ela adora compartilhar magia com outras pessoas e apresenta workshops e rituais para o público nos Estados Unidos. Melanie mora em Denver, Colorado, e pode ser encontrada on-line em MelanieMarquis.com

Copas

Cinco Taças espalhadas, inteiras ou estilhaçadas,
sob a Lua suplicando a uma Estrela.

Seis Espadas carregadas, suas dores enterradas,
o Eremita com sua luz segue em frente.

No intervalo de cada gole da Taça,
o Mundo, fora da Torre, foi derramado.

O enforcado ficou Pendurado, o Louco foi chamado,
duas Espadas empunhadas, está tudo empatado.

Três Espadas perfuram os raios da Fortuna,
a Justiça rindo de sua desventura.

Mas aqui está a Força para domar a fera.
Três Taças levantadas, uma quarta Taça se manifesta.

Nove Espadas atrás, nove Bastões na frente,
o Julgamento bate à porta de repente.

Nove Taças empilhadas e oito Taças esvaziadas,
a Estrela sobre a Lua está derramada.

Entre as colunas, duas Taças se encontram.
A Imperatriz revela o caminho oculto.

A Estrela se deleita com duas Taças que se deitam,
uma no mar, outra na praia.

Regando a terra com o destino,
dois Bastões observam, oito Pentáculos aguardam.

Com a chegada da Lua, o Sol se põe,
e através da Temperança, derramam-se em um.

Um Pajem de Copas, uma Rainha reluzente,
um Ás de Paus e um Louco resplandecente.

Nove Bastões se espalham e nove Espadas se aprofundam;
da Taça nós bebemos intensamente.

– por Melanie Marquis –

Agradecimentos

Agradecimentos especiais a Mia, Aidan e Andrew Harris por me amarem, embora eu seja uma escritora. A Zoltan Gaspar, por sua contribuição e encorajamento, a Calvin Carter por ser incrível e a Barbara Moore por me ajudar a realizar meu sonho de publicar um Tarô.

Conteúdo

Introdução 15

Um: Anatomia do Tarô 17
 Conheça a estrutura básica do Tarô e saiba
 mais sobre as correspondências escolhidas
 para este baralho e como utilizá-las.

Dois: Manutenção e Cuidados com o Baralho 23
 Explore os prós e contras do cuidado com
 as cartas de Tarô, aprenda como carregar
 seu baralho com energia mágica e descubra
 maneiras de limpar e energizar seu baralho
 para mantê-lo revigorado e vibrante.

Três: Como Ler as Cartas 39
 Aprenda a ler o Tarô passo a passo e reúna
 algumas dicas para tornar suas leituras mais
 precisas, aprofundadas e agradáveis.

Quatro: Usando o Tarô para Magia   55
Descubra como usar o Tarô para uma
variedade de propósitos mágicos e
experimente alguns feitiços de amostra
para ajudá-lo a pegar o jeito.

Cinco: Os Arcanos Maiores   69
Aprenda tudo sobre as cartas dos Arcanos
Maiores, desde seu simbolismo esotérico até
seus significados divinatórios e usos mágicos.

Seis: Os Arcanos Menores   121
Descubra as cartas dos Arcanos Menores,
desde a interpretação divinatória até seus
usos mágicos.

Sete: Métodos de Tiragens   235
Explore e experimente várias tiragens de Tarô
e leituras de uma carta para você praticar.

Próximos Passos na Trilha do Tarô   245

Leitura Recomendada   247

Introdução

O Tarô é um meio poderoso, versátil, conveniente e fácil de usar para muitos tipos de empreendimentos mágicos, espirituais e práticos. Esteja você meditando nas cartas para aumentar seu senso de consciência espiritual ou usando o Tarô para lançar um feitiço para trazer maior prosperidade à sua vida, tudo o que precisar vai estar ali naquele pequeno baralho.

Excelente não apenas para adivinhação (leitura da sorte), mas também para meditação, exploração espiritual e lançamento de feitiços para praticamente qualquer objetivo que você possa imaginar, o Tarô é indiscutivelmente uma das ferramentas mágicas mais úteis e adaptáveis que existem. Durante séculos, o Tarô foi amado por buscadores espirituais, praticantes de magia e estudantes do ocultismo.

O primeiro baralho de Tarô conhecido com imagens alegóricas originou-se em 1400, no norte da Itália, mas suas raízes provavelmente remontam ainda mais. No final dos anos 1300, um jogo de cartas que provavelmente se originou em Mamluk, no Egito, chegou à Europa e, eventualmente, chegou ao Tarô moderno. Essas cartas apresentavam quatro naipes: Bastões (que equivalem ao moderno naipe de Paus ou Varinha); Copas ou Taças; as Moedas (que equivalem ao Ouros ou Pentáculos) e Espadas. Combinadas com as cartas de imagens alegóricas (também conhecidas como "trunfos") dos primeiros baralhos italianos, essas cartas criam a espinha dorsal de nosso Tarô moderno.

Ao longo dos anos, o Tarô evoluiu para muito mais do que um simples jogo de cartas ou dispositivo de leitura da sorte, tornando-se um depósito de conhecimentos esotéricos e de sabedoria espiritual, uma forma de arte viva, que expressa nossas filosofias mágicas e ocultas sempre crescentes e em constante mudanças.

Ao explorar o Tarô, você desenvolverá seus próprios insights e ideias sobre como interpretar as cartas e como usá-las para outros propósitos mágicos e espirituais. Confie em si mesmo! Você não é diferente dos estudantes de Tarô do passado, cujo trabalho revolucionário se desenvolveu no padrão de hoje.

O Tarô é orgânico e deve ser adaptado por cada praticante que o utiliza. Assim como diferentes *chefs* podem preparar um prato diferente com a mesma seleção de ingredientes, cada leitor de Tarô também empresta seu próprio sabor ao processo. Esteja aberto às ideias de outras pessoas e reserve um tempo para estudar a interpretação tradicional do Tarô de várias fontes, mas, acima de tudo, deixe seu próprio coração e mente serem seu guia.

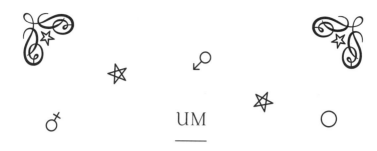

UM

Anatomia do Tarô

O Tarô é composto por setenta e oito cartas. Vinte e duas delas, os trunfos, compõem o que ficou conhecido como os "Arcanos Maiores". Essas cartas representam arquétipos e conceitos universais, como o Louco, o Imperador, A Justiça e a Força. As cinquenta e seis cartas restantes são chamadas de "Arcanos Menores" e são numeradas e divididas em quatro naipes, como as cartas de baralho comuns. Em vez de coração, o Tarô tem Copas; em vez de uma espada comum, o Tarô tem Espadas; o diamante se torna Pentáculos ou Ouros e o Paus continua sendo Paus ou Bastões. Cada naipe tem cartas numeradas de Ás a Dez e mais quatro cartas adicionais chamadas de "Cartas da Corte": o Pajem, o Cavaleiro, a Rainha e o Rei.

Correspondências Elementais e o Tarô

Os quatro naipes dos Arcanos Menores do Tarô estão associados a cada um dos quatro elementos: Terra, Ar, Fogo e Água. Os Pentáculos simbolizam o elemento Terra, enquanto os naipes de Copas estão alinhados com a Água. Os tarotistas discordam quando se trata de Paus e Espadas, no entanto. Alguns consideram os Paus como um naipe de Fogo, enquanto as Espadas estão associadas ao Ar.

Neste baralho em particular, assim como em muitos outros, você encontrará esses alinhamentos invertidos, com Paus representando o Ar e Espadas representando o Fogo. Essas correspondências decorrem da tradição da Bruxaria em que o Athame, um tipo de faca de dois gumes usada em rituais, é frequentemente associado ao elemento Fogo, enquanto a varinha, outra ferramenta ritual, é frequentemente associada ao elemento Ar.

Estar ciente das correspondências elementais do Tarô facilita muito a interpretação das cartas. Cada elemento tem seus próprios temas e outras associações que se refletem em cada uma das cartas de Tarô pertencentes ao naipe correspondente. Se você estiver familiarizado com essas associações, saberá, de maneira automática, pelo menos algo sobre cada carta dos Arcanos Menores, que compõem mais da metade do baralho.

Tenha em mente que diferentes baralhos podem atribuir aos naipes e aos alinhamentos elementais diferentes formas. Se decidir usar associações elementais para ajudá-lo a ler o Tarô, melhores resultados serão obtidos utilizando qualquer sistema de correspondência escolhido para o baralho específico que está sendo usado. Aqui estão os naipes e associações elementais para este baralho de Tarô:

Pentáculos

Elemento: Terra

Correspondências: segurança, estabilidade, recursos, força, equilíbrio, fundação, saúde, prosperidade, proteção, crescimento, os aspectos sólidos e sustentáveis da Natureza, o corpo físico.

Paus

Elemento: Ar

Correspondências: movimento, mudança, rapidez, fluxo, ação, pensamento, ideias, comunicação, liberação, a qualidade sempre mutável da Natureza, o espírito, a mente.

Espadas

Elemento: Fogo

Correspondências: destruição, força, poder, paixão, autoridade, dominação e submissão, limitações, conflito, perturbação, caos, dor, tristeza, ansiedade, medo, desequilíbrio, vontade, ego, os aspectos destrutivos da Natureza.

Copas

Elemento: Água

Correspondências: criatividade, alegria, inspiração, amor, paixão, compaixão, a alma, as emoções, os aspectos criativos e nutritivos da Natureza.

Um Tarô Feito para a Magia

Este baralho foi especialmente projetado para ser eficaz tanto como uma ferramenta mágica quanto como um sistema preciso de adivinhação. Em cada carta, você encontrará totens de animais e outros símbolos mágicos para ajudar a tornar seus lançamentos de feitiços com as cartas mais poderosos e eficazes e fornecer mais pistas sobre os significados divinatórios do Tarô. Aqui estão alguns dos símbolos que você encontrará neste baralho:

Cão: lealdade, proteção, ajuda, conforto.

Esquilo: desenvoltura, preparação, energia, prudência.

Estrela de cinco pontas: equilíbrio (ou desequilíbrio) ou hierarquia.

Estrela de oito pontas: equilíbrio e força.

Hexagrama: perfeição, harmonia, poder mágico unificado.

Inseto alado: energia, rapidez, atividade, uma qualidade efêmera.

Lobo: instinto, inteligência, medo, força.

Mônada: totalidade e conclusão.

Pássaro: movimento, rapidez, visão clara, perspectivas mais elevadas.

Peixes: fertilidade, sorte, alegria, o subconsciente.

Quadrado: estrutura, ordem, limites, restrições, fronteiras.

Símbolo da Deusa dos Nove Cantos: ciclos, poder mágico e ligação.

Tartaruga: paciência, segurança, longevidade, criatividade.

Touro: teimosia, força, virilidade, força de vontade.

Triângulo dentro de um quadrado: símbolo da centelha de esperança, magia, vida e desejo que está no centro de tudo.

Triquetra: manifestação, magia, forças criativas se unindo.

Yin e Yang: dualidade, polaridade e união.

Numerologia e Tarô

Além das correspondências mencionadas acima, as correspondências numerológicas também podem ser usadas como um atalho para a interpretação do Tarô. Junte o significado do número com o significado do elemento e você terá uma boa ideia do que cada carta numerada dos Arcanos Menores significa. Baseado vagamente em um sistema ensinado por Gary Meister, um Mestre certificado em Tarô, aqui estão algumas associações possíveis para os números de um a dez para ajudar a guiá-lo em sua interpretação de Tarô:[1]

1. Unidade; totalidade; começos; a essência pura ou efetiva do elemento representado.

2. Aspectos dualistas; equilíbrio; união; divisão.

3. Engajamento na atividade sugerida pelo elemento representado; criação; expressão.

4. Colocar em forma; manter; estruturar; ordenar.

5. Caos *versus* controle; desequilíbrio; hierarquia de poderes.

6. Beleza; perfeição; paz; harmonia; soluções.

7. Sonhos; desejos; vontades; esperanças; sorte.

---

1. Secrets of Tarot Numerology: Lessons 1-12, *Tarot Reflections*, April 5, 2008, accessed August 5, 2015, www.ata-tarot .com /reflections/04-05-8/ secrets_of_tarot_numerology.html

8. Colocar em prática a ideia essencial; o poder; a força ou o equilíbrio do elemento; realismo; praticidade.

9. Finais; ciclos; arquivar; colocar no lugar; trazer o que quer que seja simbolizado para a cabeça; vincular.

10. Ápice; expressão mais extrema ou pura do elemento representado; excesso; conclusão.

Por exemplo, para o Três de Pentáculos, você sabe que os Pentáculos podem representar recursos, enquanto um Três pode simbolizar o envolvimento em uma atividade sugerida pelo elemento representado. Em que tipo de atividades as pessoas se envolvem relacionadas à ideia de recursos? Por um lado, as pessoas trabalham para obter recursos, e um dos significados potenciais do Três de Pentáculos é o trabalho. Em outro exemplo, vamos dar uma olhada no Oito de Copas. Vemos que um oito pode representar realismo e praticidade, enquanto Copas pode se relacionar com amor e emoções. Um dos significados mostrados pelo Oito de Copas é a ideia de sair de relacionamentos que não são mais nutritivos – em outras palavras, ser prático e realista quando se trata de amor.

Não fique muito preso a este sistema, pois ele revela apenas uma fração do simbolismo do Tarô, mas lembre-se disso se ficar indeciso com uma carta específica e precisar de alguma orientação.

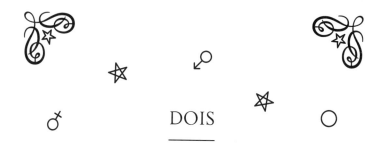

DOIS

Manutenção e Cuidados com o Baralho

Como um item mágico, seu baralho de Tarô é propenso a captar vibrações de energias com as quais entra em contato, um fato que pode funcionar tanto a seu favor quanto contra ele. Ter um baralho de Tarô repleto de energia mágica positiva é decididamente uma coisa boa, enquanto ter um baralho carregado de vibrações negativas e obsoletas interferirá em seu uso tanto como um dispositivo mágico quanto como uma ferramenta de adivinhação. Saber adicionar as energias desejadas ao seu baralho e saber retirar as indesejáveis é parte essencial da manutenção do seu Tarô para que ele continue funcionando de forma correta e eficiente. Neste capítulo, você aprenderá como carregar seu baralho com as coisas boas e como limpar as coisas ruins, além de obter algumas dicas básicas para os cuidados com seu Tarô.

Cuidados Básicos sobre o que Fazer
e o que Não Fazer com seu Tarô

Siga estas diretrizes para ajudar a manter seu baralho de Tarô em excelentes condições:

+ Evite expor seu deck à luz solar direta por períodos prolongados. As tintas podem desbotar rapidamente sob a luz forte.

+ Tome cuidado ao fazer leituras ao ar livre, para que as cartas não voem.

+ Guarde o seu Tarô em uma caixa ou bolsa reservada especificamente para esse fim e guarde-a em um local seguro, onde outras pessoas não mexam e os animais de estimação não pisem. Envolver seu baralho em seda, cânhamo ou outro tecido feito com fibras naturais ajudará a preservar as energias do deck e a protegê-lo de vibrações indesejadas. Manter suas cartas todas juntas e no mesmo lugar também reduzirá o risco de perdê-las.

+ Se você estiver usando uma seleção de cartas de Tarô para um feitiço de magia, anote em algum lugar quais cartas você usou e onde as colocou. Se você é a Bruxa desorganizada que sou, pode abrir um livro aleatório um dia e encontrar uma carta de Tarô que guardou anos antes para algum propósito mágico agora esquecido. Ou você pode fazer uma série de leituras apenas para perceber que três das cartas do baralho ainda estão em seu altar. As cartas de Tarô são facilmente perdidas, então fique de olho nelas.

Idealmente, obtenha um baralho para leituras e um baralho de backup para magia, para que você tenha a liberdade de lançar quaisquer feitiços de Tarô que desejar, tendo sempre um baralho completo à mão para leituras.

+ Mantenha as bebidas e lanches em uma mesa lateral quando estiver fazendo as leituras, em vez de colocá-los ao seu lado, onde elas podem se derramar facilmente nas cartas.

+ Se alguma coisa derramar em suas cartas, limpe-as suavemente com um pano macio e seco. Se foi um derramamento de líquido e suas cartas ficaram grudadas, tente segurá-las sobre uma chaleira fumegante por alguns minutos antes de tentar separá-las. Em seguida, limpe bem cada carta com um pano levemente úmido seguido de um pano seco e depois espalhe-as individualmente, até que estejam completamente secas. Você pode acelerar o processo de secagem com um secador de cabelo na posição baixa; apenas segure a carta com uma mão e movimente o secador para frente e para trás a alguns centímetros da carta. Se tudo mais falhar, você sempre pode solicitar um baralho de substituição.

+ Não se preocupe se suas cartas acabarem com alguns amassados e escoriações. Dá caráter ao baralho, pois cada mancha e cada arranhão é uma memória de leituras e conjurações passadas.

MANUTENÇÃO E CUIDADOS COM O BARALHO

Energizando seu Baralho

Para que seu Tarô se torne mais do que apenas um baralho de cartas, ele precisa estar sintonizado para captar energias espirituais e vibrações psíquicas. Uma maneira de iniciar esse processo é examinar seu baralho carta por carta. Contemple cada imagem e permita que seus sentimentos e imaginação fluam para a carta. Que emoções, ideias ou mensagens esta carta em particular transmite a você? Deixe que todas essas coisas que vêm à sua mente fluam de volta para a carta que você tem. Este exercício ajudará a conhecer seu novo baralho enquanto traz à tona seus atributos mais profundos.

Você também pode querer manter seu novo baralho de Tarô por perto por alguns dias, para que ele fique alinhado com sua energia pessoal. Pode dormir com ele embaixo do travesseiro ou perto da cama, ou carregá-lo no bolso, bolsa ou carteira. Examine, explore e manuseie seu novo baralho sempre que possível.

E se ainda quiser dar ao seu baralho um poder mágico adicional e sintonizá-lo ainda mais com as vibrações do mundo ao seu redor, considere infundi-lo com energias solares, lunares ou elementais.

Energia Solar

Para carregar seu baralho com o poder do Sol, leve suas cartas para fora ao nascer do sol ou ao meio-dia. Reserve um momento para clarear as ideias. Segure as cartas em suas mãos ou coloque-as no chão com uma pedra pesada ou outro peso em cima para que elas não voem. Sinta a luz do sol caindo sobre você e seu Tarô e visualize esse poder percorrendo seu corpo e o baralho de cartas, infundindo a energia solar em ambos. Se desejar, adicione energia extra às suas cartas colocando sobre elas ou ao redor delas uma amostra de ingredientes mágicos sintonizados com o Sol. Você pode polvilhar uma pitada de sal nas cartas ou tocá-las suavemente com um pedaço de cristal de citrino ou uma flor de calêndula. Um círculo de velas amarelas, douradas, brancas ou laranja também funcionaria bem. Deixe suas cartas do lado de fora para aproveitar o sol por alguns minutos, mas não as deixe por muito tempo, para que não comecem a desbotar. Não se esqueça de prendê-las com algo pesado para que não sejam levadas pela brisa e coloque-as longe de áreas frequentadas por animais de estimação, esquilos, pássaros ou outras criaturas residentes. Se desejar, diga o seguinte encantamento ou outro de sua própria criação:

Tão brilhante quanto o Sol, este baralho ilumina as sombras!
Mostre-me o que está escondido, nas profundezas e nas águas rasas!
Quente como o Sol acende o fogo da verdade!
Mostre-me tudo o que desejo, e que tudo o que peço seja feito!

Depois que as cartas estiverem carregadas, embrulhe o baralho em um pano amarelo ou branco ou saco de Tarô e leve-o de volta para dentro de casa. Para ajudar a manter as energias solares frescas, armazene seu baralho com algumas peças de citrino ou cristal de quartzo transparente e use as cartas ao ar livre, sob a luz do sol ou perto de uma janela ensolarada regularmente.

Energia Lunar

Para carregar suas cartas com poder lunar, coloque-as do lado de fora sob a luz da Lua cheia ou crescente. Prenda as cartas com uma pedra pesada ou outro objeto para evitar que voem e certifique-se de que sejam colocadas fora do caminho de animais de estimação e outros animais. Coloque as mãos no baralho e respire fundo algumas vezes para ajudar a centralizar suas energias. Sinta o luar lavando sua pele e flutuando sobre suas cartas, encantando tudo o que toca com um poder místico e mágico. Se desejar, cerque ou cubra as cartas com ervas lunares, como artemísia, papoula, zimbro ou salgueiro. Você também pode usar ametista, pedra da lua, selenita ou outras pedras associadas à Lua. Um espelho também pode ser incorporado; basta colocar o baralho em cima de um espelho para que o reflexo da Lua fique total ou parcialmente visível por trás das cartas. Se desejar, capacite as cartas com o seguinte encantamento ou crie o seu próprio:

Como o brilho encantador da Lua,
mostre-me o que preciso saber!
Seja maldição ou benção, mostre-me a verdade,
assim como a Lua sabe fazer!

Deixe as cartas do lado de fora durante a maior parte da noite, mas faça o possível para recuperá-las antes do nascer do sol. Embrulhe as cartas em um pano roxo, preto ou prateado ou saco de Tarô e guarde-as em uma caixa, gaveta, ou em algum lugar longe da luz solar direta. Para manter as energias lunares fortes e vibrantes, coloque algumas pedras da Lua, ametistas ou folhas de salgueiro ao lado de suas cartas quando não estiverem em uso e tente usá-las à noite quando possível. A cada Lua cheia, coloque o baralho do lado de fora por um tempo para que ele absorva os poderosos raios lunares.

Energia do Fogo

Para carregar suas cartas com o elemento Fogo, envolva seu baralho com nove velas. Se tiver um bom castiçal que não permita que a cera escorra, coloque oito dessas velas em um círculo ao redor do baralho, enquanto a nona vela (em seu suporte) é colocada em cima das cartas. Peça para que o elemento Fogo seja puxado para as cartas, carregando-as com uma energia feroz, ígnea e iluminadora. Visualize espinhos ou outras obstruções sendo varridas pelas chamas, assim como o Fogo em seu baralho de Tarô eliminará quaisquer obstáculos que obscureçam a verdade. Se desejar, use um encantamento como este ou escreva o seu próprio:

Este baralho, assim como a chama do fogo, está sempre crescendo! Sempre sabendo, sempre brilhando! O fogo vem, o fogo fica! Clareie e ilumine o caminho!

Deixe as velas queimarem por um tempo para carregar completamente as cartas, depois apague as chamas enquanto agradece ao elemento Fogo por sua ajuda. Para manter suas cartas infundidas com o elemento Fogo, faça leituras à luz de velas com frequência, mantenha as cartas protegidas do frio e repita esse ritual uma vez a cada vários meses ou sempre que sentir que as cartas precisam ser recarregadas.

Energia da Terra

Para carregar seu baralho com os poderes do elemento Terra, leve as cartas para fora em um dia claro. Estenda um pano marrom ou verde diretamente no chão e coloque o baralho de Tarô sobre ele. Prenda as cartas com uma pedra para mantê-las no lugar.

Pegue uma pitada de terra seca e segure-a em suas mãos enquanto pensa na força da terra, aquele alicerce firme que nos fornece conforto, nutrição e um solo sólido para nos apoiarmos. Pense em como você deseja que suas leituras de Tarô também forneçam essas coisas e polvilhe a terra em cima do baralho. Você também pode cercar o baralho com algumas pedras e plantas associadas ao elemento Terra, como jade, azeviche, magnetita, jaspe-marrom ou jaspe-verde, patchouli, folhas de carvalho, bolotas ou um grão como o trigo. Um encantamento simples para selar o feitiço poderia ser algo assim:

Poderes da Terra, venham para este Tarô!
Montanhas, colinas e campos férteis; praias e túmulos!

Como a terra firme e a pedra mais resistente,
essas cartas permanecem sólidas enquando a verdade é revelada!

Mostre-me o que desejo saber,
e ajude-me a cultivar as sementes que plantei!

Se desejar, enrole o pano firmemente em torno das cartas com terra, pedras e outros itens extras. Cave um pequeno buraco e coloque o pacote no chão. Certifique-se de verificar a previsão para garantir que a chuva não seja esperada antes de concluir isso! Você pode deixar o deck no chão por algumas horas ou durante a noite. Se quiser deixá-lo enterrado por mais tempo para que possa absorber ainda mais as poderosas energias da terra, basta colocá-lo em uma caixa de madeira resistente ou outro recipiente sólido e protetor antes de enterrá-lo. Quando recuperar seu baralho, escove suavemente a terra e qualquer matéria vegetal solto e embrulhe o baralho em um pano marrom ou verde ou saco de Tarô, ou guarde-o em uma caixa de madeira ou de pedra. Você pode colocar algumas pedras de jade, magnetitas ou bolotas perto de seu baralho para ajudar suas cartas a ficarem carregadas com os poderes do elemento Terra. Tente também fazer leituras ao ar livre sempre que possível e repita o ritual acima anualmente ou sempre que sentir que o baralho precisa de uma recarga.

Energia do Ar

Para carregar seu baralho com os poderes do elemento Ar, leve-o para fora em um dia ventoso. Segure as cartas com segurança em suas mãos enquanto sente o vento girando em sua pele e ao redor do Tarô. Pense em como o vento tem o poder de colocar as coisas em movimento, como ele carrega consigo as sementes das futuras florestas, como ele ajuda os pássaros a voar alto.

Sopre suas cartas, deixando o poder dos ventos selvagens falar através de sua respiração. Traga as cartas de volta para dentro e acenda um pouco de incenso. Sálvia é uma boa escolha, mas qualquer coisa que agrade a você funcionará bem. Deixe a fumaça do incenso flutuar sobre o baralho de cartas. Coloque as cartas em cima de um pano amarelo, azul-claro ou cinza enevoado e, se desejar, envolva o baralho com penas e ervas alinhadas ao Ar, como lavanda ou endro. Use o seguinte encantamento para selar o feitiço ou escreva um novo de sua própria criação:

Pelos poderes do Ar, este baralho vai ousar,
para mostrar a verdade a desnudar!

Assim como o vento sopra velozmente,
o caminho a seguir este baralho mostrará rapidamente!

Embrulhe as cartas no pano ou coloque-as em um saquinho de Tarô e acrescente algumas penas e uma pitada de alcaravia, endro, salsa, lavanda ou outra erva sintonizada com o elemento Ar. Para manter o encantamento das cartas ativo, leve-as ao vento de vez em quando e sopre-as ou limpe-as com uma pena sempre que começarem a ficar estagnadas.

Energia de Água

Para carregar seu Tarô com o poder do elemento Água, leve o baralho para um corpo de água próximo, como um rio, riacho, lagoa ou oceano. Fique perto da margem e segure as cartas com segurança em suas mãos sobre a água. Ao fazer isso, pense nas qualidades nutritivas e transformadoras da água. Visualize um rio cortando um canal através de pedra sólida; veja em sua mente um campo de flores bebendo na chuva deliciosa. Visualize a energia do corpo de água diante de você e veja esse poder subindo para infundir sua plataforma com uma nova habilidade. Termine com um encantamento para expressar com firmeza suas intenções; você pode escrever o seu próprio ou usar este a seguir:

Água, encha essas cartas com sua força,
para alterar o rumo, para mudar o destino!
À medida que a água flui e se alimenta,
as cartas revelarão a necessidade que apresenta!

Embrulhe as cartas em um pano azul-marinho ou verde, ou em um saco de Tarô com uma amostra de pedras e ervas sintonizadas com a água, como água-marinha, pérola, avelã ou salgueiro. Você pode até colocar algumas conchas ou pedaços de vidro do mar em sua bolsa de Tarô. Para manter as energias da água vibrantes, use o deck perto de corpos d'água naturais sempre que possível e tenha sempre um copo de água à mão enquanto faz suas leituras. Repita esse ritual a cada poucos meses ou sempre que sentir que as cartas precisam de um impulso de energia.

Limpando seu Baralho

Se você fizer muitas leituras para muitas pessoas diferentes, poderá observar de tempos em tempos que seu baralho de Tarô pegou algumas energias indesejáveis. Algum sentimento incômodo ou carregado pode chamar sua atenção ou você pode achar que suas cartas simplesmente não parecem estar funcionando como deveriam. Outras vezes, pode acontecer de sentir que continua recebendo (ou dando!) praticamente as mesmas leituras repetidamente, como às vezes acontece quando se está preso em uma rotina emocional ou mental. Você pode estar ignorando uma mensagem importante há algum tempo e, mesmo depois de recebê-la, o baralho parece preso em entregar a mesma mensagem repetidamente. Se ocorrer algum dos cenários citados ou qualquer outra coisa do gênero que deixe seu deck se sentindo obsoleto, estagnado, desequilibrado ou negativo ou com a sensação de que algo não está certo, é hora de fazer uma limpeza completa.

Existem muitas maneiras de limpar um deck de Tarô. Prefiro usar uma abordagem multifacetada, porém simples, que começa esfregando as cartas com um pano macio e seco. Eu corro o pano ao longo do comprimento de cada lado de cada carta, sacudindo o pano periodicamente para eliminar as vibrações indesejadas que estou limpando. Então imagino essas energias sendo neutralizadas enquanto entram novamente no ar circundante. Em seguida, levo o meu deck para o lado de fora sob a luz do sol e o polvilho com uma quantidade liberal de sálvia ou sal. Coloco um pedaço pesado de cristal de quartzo no baralho para segurá-lo no lugar e deixo-o lá fora à luz do sol por um curto período, até que pareça completamente limpo e purificado. Então recarrego meu baralho usando meu método usual, que é a carga lunar descrita anteriormente.

A limpeza de um deck de Tarô afasta as vibrações negativas agarradas às cartas para deixá-las arejadas e claras para que novas energias entrem, mas às vezes as energias positivas também são removidas inadvertidamente no processo. Sempre que você dá uma limpeza completa às suas cartas, é uma boa ideia segui-la com uma recarga completa. Você pode recarregar o baralho usando qualquer método que lhe atraia, de um ritual completo a simplesmente cobrir e circular o baralho com cristais de quartzo transparentes.

Limpeza profunda de serviço pesado

Ocasionalmente, e quero dizer, muito ocasionalmente, você pode achar que o sal e a sálvia não são suficientes para realizar a limpeza do seu baralho. Às vezes, quando um personagem particularmente indesejável lidou com suas cartas com más intenções em mente, a energia negativa que eles deixaram para trás se apega firmemente e resiste a qualquer coisa, exceto as tentativas mais ferozes de remoção.

Em todos os meus anos de leitura de Tarô, encontrei essa situação apenas uma vez. Normalmente, a sálvia e/ou sal limpam qualquer coisa. Mas se suas cartas ainda não se sentirem bem depois de realizar seu ritual habitual de limpeza e você suspeitar de que alguém possa ter adulterado seu baralho, será necessário usar uma artilharia mais pesada. Você pode tentar esfregar completamente a superfície e as bordas de cada carta com um ímã, uma magnetita natural ou um pedaço de hematita, pois essas substâncias poderosas ajudarão a retirar as energias que possam estar escondidas em cada carta.

Se isso ainda não funcionar, talvez seja hora de considerar uma arma muito mais forte: Acônito. Também conhecido como flor azul ou capuz-de-frade, o acônito é uma planta venenosa altamente tóxica associada ao Submundo. É extremamente eficaz para banimento e para exorcismos, mas uma grande cautela deve ser tomada devido ao seu alto nível de toxicidade. O contato externo e interno com a planta pode levar à náusea, paralisia, insuficiência cardíaca e morte, então este não é um recurso a ser usado casualmente. Esta é uma planta que deve ser respeitada. Use-a com moderação e com muito cuidado. Se optar por experimentá-la, use luvas, não permita que a planta toque na pele, não respire o pólen de suas flores, não a deixe por aí e não, sob nenhuma circunstância, a ingira.

Para limpar seu baralho com acônito, coloque algumas luvas de proteção, coloque as cartas em um pedaço de pano ou papel e coloque em cima delas as folhas ou flores da planta de acônito. Pense no seu desejo de limpar as cartas de qualquer vibração ruim e projete essa intenção no acônito usando força de vontade e visualização.

Deixe tudo isso no lugar por vários minutos, enquanto imagina que o baralho está sendo liberado e voltado ao normal, tendo sido sugado e destruído pelo poder da planta. Limpe o acônito das cartas e descarte-o adequadamente. Nunca deixe em torno de onde animais ou crianças podem ingeri-lo acidentalmente. Lave bem as mãos e limpe as cartas com um pano macio e seco.

MANUTENÇÃO E CUIDADOS COM O BARALHO

Métodos de limpeza rápida

Você também pode perceber que suas cartas vão se beneficiar de uma limpeza rápida entre uma leitura e outra, para que as energias que ficarem das leituras anteriores não se demorem, influenciando a próxima consulta. Isso normalmente se torna um problema se você estiver fazendo várias leituras sucessivamente, como em uma feira mística ou em outro evento com esta característica. Uma limpeza rápida é diferente de uma limpeza completa e total. Com a limpeza rápida, você está simplesmente limpando as energias da superfície e os efeitos posteriores dos padrões energéticos revelados em leituras anteriores. Não é necessário recarregar o baralho depois de fazer uma limpeza rápida, porque, nesses casos, a limpeza não vai se aprofundar. Quaisquer encantamentos bem ancorados colocados nas cartas permanecerão intactos.

Existem muitas maneiras de fazer uma limpeza rápida no seu deck. Um método simples é passar pelo baralho e girar todas as cartas para que elas estejam na posição vertical e todas voltadas para a mesma direção. Você também pode simplesmente segurar o baralho frouxamente em suas mãos e soprar o ar entre as cartas, enquanto visualiza quaisquer padrões enérgicos obsoletos ou remanescentes flutuando para fora e longe do baralho.

Tente experimentar algumas amostragem de métodos de limpeza de baralhos. Com forte intenção, você pode limpar o baralho com um toque de varinha, uma pitada de sálvia ou esfregá-lo com um pedaço de hematita, azeviche ou citrino. Pode até criar uma caixa de limpeza, encantando-a para que possa simplesmente colocar suas cartas por alguns segundos nela para limpá-las e carregá-las. Você pode escolher uma caixa feita de madeira selecionada por suas propriedades metafísicas, como pinheiro para purificar, cipreste para o alinhamento espiritual ou cedro para se estabilizar. E pode também adicionar algumas ervas ou pedras purificadoras e empoderadoras, como alecrim, sálvia, calêndula, cristal de quartzo claro ou de quartzo-rosa.

Qualquer que seja a técnica que escolher, lembre-se de que a magia tem muito mais a ver com a intenção do que com o método. Imagine aquelas energias antigas que se dissipam para deixar seu baralho limpo e energizado para a próxima leitura. Acredite que será assim e descubra que assim é.

TRÊS

Como Ler as Cartas

Embora o Tarô seja certamente intrigante, a perspectiva de realmente fazer uma leitura e tentar dividir o futuro com nada mais que um padrão de cartas pode definitivamente ser intimidador, especialmente se você estiver apenas começando. O primeiro passo para se tornar um bom leitor de Tarô é começar a confiar em si mesmo. Leva tempo para desenvolver uma ideia de trabalho de simbolismo e significado com as cartas; portanto, seja paciente e dê a si mesmo a oportunidade de praticar e explorar sem a restrição de desânimo ou crítica. Saiba que, como um indivíduo único, você trará algo exclusivo para suas leituras de Tarô.

Informações sobre as cartas que não são encontradas em livros podem aparecer e você deve confiar nisso e permitir que essas ideias floresçam. Esteja ciente também de que o Tarô, como qualquer sistema de adivinhação, opera em conjunto com as crenças pessoais do praticante que o está usando. Se você tiver em sua mente que o Ás de Pentáculos significa macacos e nada além de macacos, então, com certeza, é assim que o Ás de Pentáculos surgirá em suas leituras.

Embora o Tarô realmente carregue consigo simbolismos e significados tradicionais, não tenha medo de expandir e de se adaptar de acordo com suas próprias ideias, opiniões e percepções. Neste capítulo você vai aprender a ler as cartas passo a passo e vai descobrir algumas dicas e exercícios que poderá empregar para ajudar a melhorar suas habilidades como leitor.

Leitura Passo a Passo

O primeiro passo para fazer uma leitura é misturar completamente as cartas. A ideia é infundir as cartas com as energias do consulente – a pessoa que recebe a leitura do Tarô. Se você estiver lendo para si mesmo e o tempo permitir, procure sintonizar o baralho com suas energias carregando as cartas quando estiver dormindo, colocando-as sob seu travesseiro, antes de embaralhá-las. Se você está lendo para outra pessoa, a maneira mais direta de alinhar o Tarô às vibrações do consulente é simplesmente permitir que ele embaralhe as cartas e as manuseie por alguns momentos. Diga ao consulente para deixar seus pensamentos vagarem e suas emoções fluírem naturalmente. Diga a ele para imaginar as energias desses pensamentos e emoções saindo das pontas dos seus dedos e entre as cartas enquanto as embaralha.

Muitas vezes, quando as pessoas são novas nas leituras de Tarô ou não são totalmente confortáveis com o processo, há certa tendência a ter vergonha de embaralhar as cartas. Não posso contar o número de vezes que alguém embaralhou as cartas rapidamente e um segundo depois as devolveu como se tivesse medo de tocá-las. Às vezes, você precisa persuadir suavemente o consulte para embaralhar as cartas mais detalhadamente. Acho útil colocar o baralho em uma mesa ou em outra superfície plana e pedir para a pessoa misturar as cartas em um monte grande e solto. Mais cartas são tocadas e manuseadas dessa maneira do que se usar o embaralhamento tradicional.

Fique em silêncio na maioria das vezes enquanto o consulente embaralha, mas conversem um pouco aqui e ali, para que a mente da pessoa lhe transmita o suficiente. Quando a pessoa está muito focada em algo, ela se concentra muito em um resultado específico desejado ou temido, nesses casos, frequentemente o que aparece na leitura é o desejo ou o medo, e não uma referência precisa do que a queixa é na verdade em relação ao resultado em questão. Portanto, certifique-se de distrair o consulente por pelo menos alguns momentos enquanto ele embaralha as cartas.

Esta é uma boa oportunidade para analisar o básico da interpretação de Tarô. Pergunte ao consulente se ele já recebeu uma leitura antes. Quando uma pessoa se consulta com frequência, as cartas geralmente tendem a se concentrar na situação atual e imediata. Por outro lado, se você está lendo para alguém que nunca consultou o Tarô ou que não tenha feito uma consulta há muito tempo, espere que as cartas revelem uma visão mais ampla e aprofundada do progresso geral do consulente em seu caminho de vida. Independentemente de a pessoa para quem você está lendo ser ou não novata no Tarô, lembre-a, enquanto embaralha as cartas, de que o que quer que surja na leitura não é um destino absoluto.

Gosto de explicar que o Tarô nos dá um instantâneo de onde estamos atualmente, revelando-nos os padrões e ciclos subjacentes que nos levaram a este ponto agora. O Tarô nos fornece pistas para o futuro, para que possamos adaptar nosso curso de ação atual para alcançar os resultados que mais desejamos. Enfatizando que tudo é mutável, isso ajudará a colocar a pessoa para qual você está lendo à vontade.

Se o consulente o procurar com hesitação, estiver extremamente fechado, tímido ou com medo de tocar nas cartas, uma opção é embaralhar as cartas você mesmo para obter a leitura mais precisa. Às vezes, embaralhar as cartas pode ser a melhor ou a única opção. Por exemplo, a pessoa para a qual você está lendo pode estar longe ou pode ser fisicamente incapaz de embaralhar o baralho. Você também pode decidir que não deseja que mais ninguém (ou uma pessoa em particular) toque em suas cartas.

Seja qual for o motivo, haverá situações em que você mesmo embaralhar as cartas, mesmo ao ler para outra pessoa, será o mais preferido ou o único caminho a seguir. Quando este for o caso, você pode empregar o uso de guias espirituais, entidades úteis que atuam como guardiões, ajudantes e intermediários práticos que podem facilitar o contato e a comunicação com o reino espiritual ou astral.

Nem todo mundo acredita em guias espirituais, mas se você acredita e consegue senti-los, tente ajustar ainda mais e pedir a essas entidades que ajudem a obter um embaralhamento verdadeiro e preciso das cartas.

Se você já tem seu próprio guia pessoal espiritual com quem trabalha, peça a ele para fazer contato com o guia do consulente e peça que o ajude a embaralhar as cartas. Você também pode entrar em contato com o guia do consulente. Peça para eles se apresentarem. É possível que sinta uma presença em pé atrás ou perto da pessoa que está em consulta. Aborde essa presença (você pode fazê-lo silenciosamente, através do pensamento e da telepatia) e peça que lhe ajude a orientar a leitura.

COMO LER AS CARTAS

Quando empregamos a ajuda de um guia espiritual, com certeza sentimos uma forte mudança física. Você pode sentir uma energia desconhecida ou nova se espalhando por suas mãos ao misturar as cartas ou até pode achar que suas mãos são guiadas a embaralhar as cartas de uma maneira diferente da que costuma fazer. Deixe o sentimento guiá-lo, permita que suas mãos se movam e manuseie as cartas da maneira que se sentir livre para isso. Quando o guia espiritual terminar, você sentirá a energia externa se desprender do seu corpo ao voltar ao seu próprio espaço. Agradeça aos guias que o ajudaram desejando que eles estejam dispostos a ajudar novamente.

Há várias outras coisas que você pode fazer enquanto embaralha as cartas, ou antes, para ajudar a garantir uma leitura precisa:

+ Faça contato visual e físico com o consulente, quando possível. Aperte suas mãos ou pelo menos toque-as, se ele permitir. Se você gosta de abraçar e o consulente é receptivo, abrace-o firmemente e tente captar as vibrações dele ao fazer isso. Como é a energia da pessoa? Ela se sente positiva ou negativa? Ela se sente aberta ou fechada?

+ Observe a aura geral e a linguagem corporal da pessoa. Ela parece perturbada? Nervosa? Excitada? Esperançosa? Sem tirar uma única carta, o que você sente em seu coração que essa pessoa mais precisa agora? Obter uma sensação geral para os consulentes e onde eles estão mental e emocionalmente vai ajudar a interpretar a leitura na direção certa.

+ Jogue um pouco de conversa fora. Elogie o consulente; pergunte sobre um acessório interessante ou joias que ele estiver usando. Faça perguntas gerais sobre onde a pessoa mora ou se ela está gostando do clima. Encontre um terreno comum não contencioso e não muito pessoal para explorar brevemente e você ajudará o consulente a se soltar e a se sentir muito mais confortável, o que por sua vez o tornará muito mais aberto à leitura.

- Limpe sua mente! Muitas vezes, quando nossas mentes estão sobrecarregadas com nossos problemas, fazer uma leitura para outra pessoa pode apenas ser um reflexo e as cartas podem se aplicar mais a nós mesmos do que à pessoa para a qual supostamente estamos lendo. Se você estiver em sintonia com o seu baralho de Tarô, faz sentido que essas cartas sempre tenham seus melhores interesses em primeiro lugar. Se houver uma mensagem que você precisar receber das cartas, essas cartas continuarão gritando essa mensagem em voz alta e clara até que você preste atenção – e geralmente nos momentos mais inoportunos, quando você está lendo para outras pessoas. Sempre que for ler para os outros, faça uma leitura de antemão para ajudar a acertar a mente e limpar qualquer negócio pessoal que seu Tarô possa querer compartilhar com você. Se isso não for possível e as cartas que tirar para outra pessoa continuar parecendo se aplicar a você, seja honesto com a tiragem e a leitura, desta vez concentrando-se no nome da pessoa que recebe o atendimento e dizendo às suas cartas diretamente que esta leitura é para essa outra pessoa, e não para você.

- Mantenha próximo itens que possam ajudá-lo a aumentar seu poder psíquico. Plantas vivas ricas em oxigênio, como samambaias, por exemplo, e pedras carregadas de energia, como cristais de quartzo, ajudarão a aumentar as vibrações ao seu redor para tornar o espaço mais propício ao trabalho psíquico. Você também pode incorporar símbolos mágicos, como pentáculos, mandalas, nós celtas, entre outros. Considere usar roxo, branco e prata no que diz respeito às cores, pois elas estão associadas ao poder psíquico e à espiritualidade. Você também pode tentar acender algumas velas ou incenso para ajudar a criar um ambiente mágico que o fará flutuar ao longo dos reinos místicos em pouco tempo.

- Mantenha água e lanches à mão. Embora um estômago muito cheio possa sobrecarregar a mente psíquica, o mesmo pode acontecer com um corpo cansado, faminto ou desidratado. Mantenha a água por perto para bebericar. Isso vai ajudá-lo a acalmar os nervos e a mantê-lo hidratado. Pode também esconder um pouco de chocolate ou frutas para mordiscar, isso vai ajudar a recarregar e a fortalecer uma psique exausta ou sobrecarregada.

Depois que as cartas estiverem completamente misturadas é hora de cortar o baralho, se isso é algo que você costuma fazer. Alguns leitores não gostam de cortar o baralho, enquanto outros preferem fazê-lo. É tudo uma questão de preferência pessoal. Basta decidir o que você quer fazer e seguir isso. Pessoalmente, gosto de cortar o baralho que estou usando com a mão esquerda (ou mão não dominante) para separá-lo em três montes da direita para a esquerda. A maior parte do baralho é retirada para deixar algumas cartas no primeiro monte, depois outro monte é retirado da parte inferior do baralho para formar um segundo monte à esquerda do primeiro e as cartas restantes são colocadas à esquerda do segundo monte para formar o último monte. Os montes são então recolhidos na ordem em que foram colocados, do primeiro para o segundo e, por fim, para o terceiro, de modo que o primeiro monte colocado para baixo se torne as cartas do topo do baralho. Se o consulente errar o corte das cartas e acabar as colocando em uma ordem diferente, a leitura geralmente fica confusa e tenho de pedir ao consulente que embaralhe e corte as cartas novamente usando o método que mencionei. Acredito firmemente que isso só acontece porque eu acho que é assim — se eu não acreditasse que as cartas precisam ser cortadas dessa maneira, muito provavelmente as cartas sairiam corretas, independentemente de como o consulente as cortasse! Mas como tenho meu próprio método de estimação, minhas cartas estão sintonizadas comigo e foram treinadas para operar dessa forma. E isso é tudo a dizer, você optando por cortar o baralho ou não. Siga seu método preferido para obter maior consistência.

Agora que você tem as cartas todas embaralhadas, disponha-as uma a uma na distribuição que estiver usando. Se você está lendo para outra pessoa, tenha cuidado para não inverter o baralho quando pegá-lo do consulente depois de embaralhado. Mantenha a extremidade que está na vertical em relação ao consulente na mesma posição quando dispuser as cartas. Além disso, tome cuidado para virar as cartas do baralho da esquerda para a direita ao longo do eixo horizontal, em vez de jogá-las de cima para baixo ao longo do eixo vertical, o que inverterá suas posições e fará com que todas as cartas na vertical fiquem invertidas e todas as cartas invertidas fiquem na vertical. Se você virar as cartas e descobrir que quase todas elas estão invertidas, é uma boa aposta de que o baralho foi virado em algum lugar ao longo do caminho. Você pode simplesmente ler as cartas como se elas estivessem na vertical ou pedir ao consulente que as embaralhe novamente e tente outra vez.

Como Ler as Cartas

Gosto de me sentar ao lado do meu consulente, em vez de ficar de frente a ele, pois isso facilita muito a tarefa de garantir que o baralho permaneça na posição correta. Depois de apresentar todas as cartas, comece abrindo sua mente psíquica, deixando quaisquer impressões, emoções ou imagens chegarem a você. Lembre-se delas à medida que prossegue. Em seguida, reserve alguns momentos para olhar as cartas e ter uma ideia da inclinação geral. Não comece a interpretar a primeira carta até olhar para o panorama geral e determinar para onde a leitura geralmente está indo. Qual é a história básica aqui? Parece uma leitura bastante épica em geral, ou você tem a sensação de que essa leitura está contando uma história menos atraente sobre uma matéria mais mundana e trivial?

Ao fazer uma pesquisa rápida das cartas que você exibiu, observe se houver algum recurso pendente. Por exemplo, você vê muitos Cavaleiros, Rainhas ou outras cartas de "pessoas"? Nesses casos, isso pode indicar que outras pessoas estão tendo uma enorme influência ou uma grande persuasão sobre o consulente.

Muitas cartas estão invertidas? Isso pode indicar que o consulente está em um momento de baixa ou de crise emocional, em que as coisas estão desequilibradas ou a pessoa está negando suas próprias necessidades e verdades, ou que, de modo geral, há muito conflito e negatividade acontecendo em sua vida no momento.

Há muitas cartas dos Arcanos Maiores? Neste caso, isso pode indicar que grandes problemas estão em andamento. Os Arcanos Maiores costumam falar do caminho da jornada espiritual e da vida; procure por um quadro maior e mais profundo quando vir muitas cartas de Arcanos Maiores em uma leitura.

Finalmente, observe se houver algum naipe ou números fortemente repetidos. Por exemplo, cinco das dez cartas que você estabeleceu são de Paus? Neste caso, é provável que haja muita mudança e movimento em busca do consulente. Muitas cartas de Espadas geralmente indicam conflitos, contendas e negatividade; muitas Copas geralmente indicam uma situação emocionalmente carregada e muitos Pentáculos indicam finanças, trabalho, emprego ou outros assuntos relacionados a recursos e senso de segurança. Assim como se você obtiver uma abundância de Ases em uma leitura, saberá que as coisas estão se alinhando muito bem, novas possibilidades estão se abrindo e um estado de harmonia e unidade está sendo alcançado.

Da mesma forma, se uma infinidade de Dois aparecer na leitura, você saberá que há uma dualidade em questão, talvez um conflito ou dualismo interno ou externo, ou talvez uma decisão que precisa ser tomada ou outra questão sobre a qual o consulente fica dando voltas ou deixando no ar. Use sua própria intuição e conhecimento do simbolismo numérico ou consulte guias como o que foi incluído neste livro. Observe quaisquer padrões que se destaquem ao explorar as cartas, seja de naipes, números, assuntos, tons, símbolos ou até esquema de cores e mantenha essas nuances em mente ao prosseguir com a leitura.

Depois de controlar a sensação e a direção geral da consulta, mergulhe profundamente em cada assunto assim que se sentir pronto. Fale sobre cada carta uma por uma. Aceite seu tempo e deixe sua mente fluir para as imagens de cada carta. Onde você vê o consulente em relação a esta carta? Quais aspectos da carta se destacam agora como o mais importante? Qual é a mensagem principal ou história aqui que esta carta precisa transmitir? Como esta carta se liga às outras cartas na tiragem? Qual o papel que ela desempenha no enredo geral?

Não pense demais. Abra sua mente e veja o que surge como mais importante. Deixe cada carta ser um trampolim para sua mente psíquica e não se limite a uma interpretação estrita das imagens.

Às vezes, quando você está lendo as cartas, recebe visões ou mensagens totalmente não relacionadas a elas, mas aspectos muito válidos da leitura, no entanto. Permita que seu subconsciente assuma a liderança e confie em sua intuição e visão psíquica. Ser um bom leitor de Tarô requer confiança na mente psíquica, ousadia de ver além das cartas e sair do lugar comum para dividir informações que, de outra forma, permaneceriam invisíveis.

O Tarô é, de muitas maneiras, uma ferramenta de um contador de histórias. Uma coisa que você pode fazer para se tornar o melhor leitor de Tarô que pode ser é desenvolver sua capacidade de contar uma boa história na hora certa. Você já ouviu dizer que uma foto vale mais que mil palavras? Bem, cada carta de Tarô vale cerca de um milhão.

Em minhas aulas de Tarô, sempre enfatizo o fato de que você poderia ter exatamente as mesmas cartas estabelecidas em uma leitura e, se pedisse a dez leitores profissionais de Tarô diferentes para interpretar a tiragem, obteria dez interpretações diferentes. Provavelmente haveria algumas semelhanças no tema geral, mas cada leitor inevitavelmente traz algo completamente diferente da leitura.

Cada um de nós tem nossa própria lente através da qual vemos o mundo e temos algo especial para compartilhar com este mundo também. Você deve acreditar em sua capacidade de fazer exatamente isso.

O trabalho do leitor é transmitir ao consulente a mensagem efetiva, as principais coisas que ele precisa saber neste momento para progredir e atingir seus objetivos.

Um bom leitor de Tarô é capaz de ajudar os desejosos a reconhecer caminhos alternativos de ação e oportunidades, para que possam fazer as escolhas com maior probabilidade de levar ao sucesso. Mesmo que uma leitura pareça muito negativa, tente dar uma volta positiva e ajudar o consulente a encontrar a saída. Nunca termine uma leitura com uma nota negativa. Tire mais cartas, se necessário, enquanto pensa em ações positivas que o consulente pode levar para evitar mais dificuldades e deixá-lo com alguns conselhos sólidos e construtivos e um grande impulso de encorajamento para melhorar sua situação.

Se você tem a sensação de que uma pessoa está em perigo físico, por exemplo, se parece provável que ela esteja em um relacionamento abusivo ou seja potencialmente suicida, incentive-a a procurar ajuda e apoio. É inteligente manter alguns números de telefone e endereços de site à mão para que você possa compartilhar discretamente os recursos que podem ser muito necessários e altamente benéficos.

Qualquer que seja a leitura que você escolher, é uma boa ideia encerrá-la com um breve resumo da mensagem geral. Tente fornecer ao consulente alguns conselhos práticos e pontos de ação que ele possa utilizar e algumas áreas-chave de foco que o ajudarão a obter mais sucesso. Seja encorajador e otimista. As pessoas costumam dizer que procuram os leitores de Tarô para obter conhecimento sobre o futuro, mas um presente muito mais valioso que recebem é a esperança.

Desenvolvendo seu Próprio
Sistema de Interpretação de Tarô

Há muitos livros sobre interpretação de cartas de Tarô, cada um com suas próprias nuances e diferenças e, muitas vezes, em total desacordo uns com os outros. Para adicionar à confusão, cada um desses livros geralmente oferece vários significados possíveis para cada carta de Tarô. Uma única carta pode significar uma coisa em uma leitura e outra totalmente diferente em outra. Mesmo para o leitor experiente, decidir qual significado atribuir a cada carta específica em uma leitura nem sempre vem facilmente. O significado de uma carta é influenciado por sua posição na distribuição, pelas cartas ao redor, pela mensagem geral, pelo impulso da leitura e por uma variedade de outros fatores sutis que desafiam a descrição ou a explicação. Veja bem, apesar da ajuda de quaisquer livros que você possa consultar, a interpretação do Tarô ainda depende fortemente de sua própria intuição, julgamento pessoal e sua capacidade de determinar e se comunicar com o que eles mais precisam saber naquele momento.

As interpretações oferecidas neste livro fornecerão uma base firme para decifrar as cartas, mas a decisão de qual significado específico a carta está transmitindo em qualquer leitura em particular depende de você. Algumas das interpretações dadas aqui podem não parecer certas para você, enquanto outras podem inspirá-lo a intuir mais camadas de significado. É extremamente útil desenvolver seu próprio sistema pessoal de interpretação de Tarô, um trabalho constante em andamento que se tornará mais completo ao longo do tempo e da prática.

Escolha um caderno ou diário e faça uma página para cada carta do baralho. Você também pode criar seções nas quais falará sobre os arcanos ou naipes específicos, os números ou as Cartas da Corte. Como organizar isso vai depender de você e deve ser determinado por suas próprias opiniões sobre o que é mais importante saber sobre o Tarô.

Para cada carta, primeiro olhe através do seu Tarô e examine a imagem. O que essas imagens trazem à mente? Qual sentimento você tem desta carta? Sem consultar nenhum guia, o que você acha que esta carta pode significar, com base apenas na imagem, número ou naipe? Anote tudo o que vem em sua mente. Se possível, dê uma olhada em vários decks para ver como diferentes artistas destacaram diversos aspectos do significado e simbolismo de cada carta do Tarô. Estudar baralhos clássicos como o Rider Waite Smith pode ser particularmente benéfico para revelar as origens de muitos dos significados tradicionais do Tarô associados a cada uma das cartas. Em seguida, observe vários guias de Tarô, incluindo as interpretações dadas neste livro. Ao contemplar cada carta e ler os múltiplos significados que foram atribuídos a ela, pergunte a si mesmo quais interpretações parecem certas para você e quais não. Adicione o que quer que sinta ser certo ao seu caderno de Tarô e deixe de fora tudo que não concorda. Se não tiver certeza sobre um significado específico, anote-o ou coloque um ponto de interrogação ao lado dele.

À medida que obtém mais prática e ganha maior familiaridade com o Tarô, passe pelas descrições da sua carta novamente e veja se deseja adicionar qualquer coisa ou adaptar alguma de suas anotações anteriores. É natural perceber que, conforme mais e mais leituras fizer, certas cartas assumem suas próprias interpretações mais comuns que surgem com frequência, enquanto significados mais obscuros podem ser indicados pela carta apenas ocasionalmente. À medida que você se sentir mais à vontade para receber mensagens de suas cartas, verá que essas mensagens serão transmitidas de forma mais clara e precisa.

Confie em si mesmo e no processo. Existem maneiras infinitas pelas quais cada carta de Tarô pode ser descrita; portanto, aprenda o máximo que puder, mas deixe sua própria perspectiva única ser seu guia final.

Desenvolvendo suas Habilidades como Leitor de Tarô

Uma enorme chave para ler o Tarô com sucesso é a confiança. E a melhor maneira de construir sua confiança é através da prática regular e variada. Leia para si mesmo com frequência, direcione às cartas uma ampla variedade de perguntas sobre os mais diversos assuntos, desde objetivos de carreira até se o clima será ou não bom no próximo fim de semana. Acompanhe suas profecias de Tarô para que possa olhar para trás nas anotações e ver por si mesmo como sua precisão começa a crescer exponencialmente à medida que usa o Tarô com mais frequência e para propósitos diferentes.

Outro exercício que você pode tentar vai melhorar muito sua capacidade de elaborar as cartas à medida que você evolui nas leituras. Lembra de que mencionei anteriormente que o Tarô é uma ferramenta de contador de histórias? Tente contar algumas histórias com ele e você se sentirá cada vez mais confortável com as cartas e mais capaz de expandir as interpretações padrão de Tarô encontradas nos livros.

Escolha uma história favorita, um conto de fadas ou conto popular, ou talvez uma história simples de sua própria criação. Em seguida, olhe através do seu baralho e selecione uma série de cartas que melhor se relacionem com o conteúdo dessa história. Por exemplo, se você escolheu "Os três porquinhos" como sua história, qual carta poderá optar por representar cada um dos animaizinhos? O Diabo poderia ser usado para representar o Lobo Mau, enquanto a Torre pode ser empregada para transmitir a parte da história em que o lobo sopra a casa? Qual carta você pode escolher para representar a segurança apreciada pelo porquinho cuja casa robusta permanece em pé? Você entendeu a ideia. Experimente isso para diferentes histórias e desafie-se a encontrar novas maneiras de contar as mesmas histórias.

Outro exercício semelhante é escolher uma carta de Tarô aleatoriamente todos os dias e tentar fazer uma história com base em sua imagem. O que está acontecendo nesta foto? Existe uma pessoa nesta carta e, se sim, o que ela está fazendo ou qual sentimento ela transmite? O que aconteceu no passado e o que acontecerá a seguir? Você pode anotar a história ou simplesmente criá-la em sua cabeça. Quanto mais trabalhar com as cartas de forma criativa, mais profundo e familiar seu relacionamento com o Tarô será.

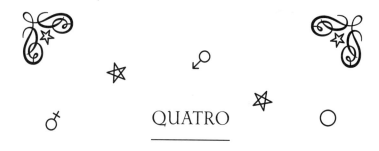

QUATRO

Usando o Tarô para Magia

Assim como cada pedra ou raminho de erva tem suas próprias energias e atributos mágicos, também as cartas do Tarô cantam em um coro de vozes. Suas imagens representam uma gama completa de emoções, conceitos, arquétipos e energias. O Tarô é um meio muito versátil, fácil de usar e eficaz para a magia. Você pode usar as cartas de Tarô para lançar um feitiço para literalmente qualquer objetivo mágico. Ele pode ser usado para atrair, banir, combinar, separar, transformar, ampliar ou diminuir qualquer coisa. E pode também ser usado para criar ou destruir. O Tarô pode ser utilizado para trazer calma ou caos. Da magia do clima ao desenvolvimento pessoal, as cartas podem ajudar a fazer tudo.

Com o Tarô a magia se baseia principalmente nos princípios da magia imitativa. Ao manipular as cartas das mais diversas maneiras, elas são levadas a simbolizar suas intenções mágicas, que são então transmitidas para o mundo em geral e ativadas em seu próprio subconsciente. Aquele velho axioma mágico, "Como em cima, assim embaixo", soa verdadeiro para a magia do Tarô, assim como para muitas outras operações mágicas. Ao imitar externamente com as cartas de Tarô o que você deseja que aconteça, os fios internos da realidade são treinados para uma posição melhor e mais propícia à manifestação de sua intenção.

A magia funciona tanto no nível metafísico quanto no mundano. Em um sentido, um feitiço de magia é muito parecido com uma oração, um simples ato de pedir ajuda aos poderes existentes, mas esse é apenas um lado da história. Com o ato de lançar um feitiço, a mente consciente é treinada para acreditar no que o subconsciente já sabe, e seu comportamento e atitudes se ajustarão para ajudar a trazer à realidade suas intenções mágicas. Por exemplo, vamos supor que você queira encontrar um novo emprego. Você já está procurando há certo tempo e sua confiança começou a diminuir. Ao lançar um feitiço para lhe ajudar a trazer o emprego dos sonhos, você está enviando uma mensagem ao Universo de que é isso que deseja, mas também lembrando a si mesmo de que essa nova realidade é realmente possível. Como resultado, você terá mais confiança e motivação para obter esses aplicativos, alinhar entrevistas de emprego etc., que por sua vez melhorarão muito suas chances de conseguir esse novo emprego. A magia é de fato mágica, mas também é muito prática!

Não existe uma maneira certa de lançar um feitiço de Tarô; cada ato de magia com o Tarô pode ser projetado exclusivamente para melhor executar o trabalho em questão. Essa versatilidade o torna uma das ferramentas mais bonitas e eficazes para a magia, pois destaca a perspectiva e a essência única do lançador de feitiços individuais como poucas outras ferramentas mágicas.

O Tarô fornece um leque sem fim de opções e possibilidades de conjuração; portanto, depois de conhecer o básico, você poderá falar suas intenções mágicas através do Tarô de inúmeras maneiras, detalhadas, poéticas, engraçadas ou diretas. A seguir, veja alguns exemplos de como as cartas de Tarô podem ser manipuladas para ajudar a trazer seus desejos mágicos. Desafie-se a pensar em novas maneiras de empregar cada técnica e adapte-se e elabore a situação de acordo com a sua necessidade.

Tarô Talismã: com uma única carta de Tarô você pode lançar uma vasta variedade de feitiços. Um método simples é usar as cartas de forma individual, como talismãs ou amuletos de boa sorte para ajudar a atrair o que você procura.

Escolha uma carta que melhor represente seu desejo. Se é riqueza e segurança, você pode escolher o Ás ou Dez de Pentáculos; se é amor o que você quer, você pode optar pela carta dos Amantes ou pelos Dois de Copas. Segure a carta em suas mãos enquanto imagina obter tudo o que deseja. Visualize seus desejos sendo cumpridos e "faz de conta" tão fortemente quanto for capaz de como vai se sentir quando esses desejos realmente se tornarem realidade. Envie a energia desses pensamentos e emoções para a carta, visualizando as vibrações de suas intenções se fundindo com as fibras de papel. Agora você criou um tipo de ímã mágico que o ajudará a aproximar aquilo que deseja. Leve a carta com você e mantenha-a perto do seu corpo para obter resultados mais rápidos, ou coloque-a no altar ou em outro local especial até que a magia se manifeste. Você também pode usar essas cartas para carregar ferramentas rituais, pedras ou outros itens. Basta carregar a carta com a intenção conforme descrito e colocar o item na parte superior da carta para absorver as vibrações.

Invertendo uma carta: use esta ação para representar uma mudança drástica ou uma virada, uma reversão da situação que você deseja transformar. Por exemplo, se você quisesse trabalhar um feitiço para fazer com que um chefe dominante perdesse sua autoridade ou sua má atitude, poderia escolher a carta que melhor o representa e deitá-la do lado direito, enquanto pensa em suas ações atuais. Em seguida, inverta a carta girando-a 180 graus para que a imagem fique de cabeça para baixo, enquanto muda seus pensamentos para visões de como gostaria que a situação ficasse. Em outro exemplo, se você está temendo uma grande despesa ou perda de receita, pode colocar o Ás de Pentáculos primeiro em sua posição invertida, depois, gire-o rapidamente para a posição vertical enquanto se imagina passando e escapando do potencial desastre financeiro.

Virar uma carta de cabeça para baixo: esta ação pode ser usada para representar o fim de uma situação ou bloquear um poder, pessoa ou possibilidade específica. Escolha uma carta que represente a circunstância ou a energia cuja influência você espera conter. Por exemplo, se você precisar encerrar uma disputa legal e resolver o assunto fora do tribunal, pode escolher a carta da Justiça para representar o processo iminente. Em outro exemplo, se você for apunhalado por um conhecido, cujos planos de traição deseja reduzir, pode escolher os Dez de Espadas para simbolizar a situação. Coloque a carta virada para cima diante de você. Depois de pensar um pouco no que espera prevenir, afirme muito firmemente em sua mente que o assunto será resolvido e terminado e que tudo o que está temendo não ocorrerá. Vire a carta de frente e dê um firme tapinha nela enquanto pensa ou diz: "acabou, fora daqui!" Ou, "sua influência terminou! Seu poder é meu!" Deixe a carta enfrentando a situação até que você esteja confiante de que a ameaça que estava tentando prevenir passou.

Tarô para substituição mágica: as cartas de Tarô podem ser usadas para fornecer energia adicional para feitiços, e também podem ser usadas no lugar de outros itens ou ingredientes que você talvez não tenha em mãos. Por exemplo, se estiver lançando um feitiço para o amor que exija que botões de rosa sejam colocados no altar e você estiver sem nenhum, pode simplesmente usar o Ás de Copas ou outra carta de Tarô alinhada ao amor como substituta. Da mesma forma, se o seu feitiço de proteção sugerir que um Pentáculo seja colocado sobre ou sob uma foto da pessoa ou local para ser protegido e você não tem um Pentáculo em mãos, poderá usar o Ás de Pentáculos da mesma maneira. Basta escolher uma carta que represente energias semelhantes às do ingrediente que falta.

Cobrindo uma carta com outra carta: colocar uma carta diretamente em cima de outra simboliza o ato de transplantar uma energia ou circunstância. Por exemplo, se você deseja substituir inseguranças por sentimentos de coragem, poderá escolher o Cinco de Espadas para representar o medo e a dúvida e depois cobri-lo com a carta da Força, enquanto pensa sobre a coragem, a bravura, a confiança e a ousadia que deseja cultivar, imaginando que essa nova energia supere seus sentimentos de insegurança. Você pode colocar as duas cartas em seu altar, uma em cima da outra, e usá-las como ponto focal para suas magias. Como alternativa, você pode juntar as cartas com um clipe de papel e carregá-las com você como um amuleto de Tarô de duas cartas; apenas certifique-se de que a carta que representa o que você deseja é a que esteja no topo do monte.

Colocando duas cartas frente a frente: se você quiser combinar energias ou unir algo, pode empregar a técnica cara a cara. Escolha uma carta de Tarô que represente cada lado da equação e coloque essas cartas frente a frente de modo que as duas imagens se toquem. Por exemplo, se quiser trazer mais criatividade ao seu ambiente de trabalho, poderá escolher o Pajem de Copas ou o Ás de Copas para representar energias criativas, enquanto o Três de Pentáculos pode ser usado para representar seu local de trabalho. Deixe as cartas juntas, frente a frente, enquanto visualiza uma maior criatividade se infiltrando no seu local de trabalho.

Em outro exemplo, se quiser trazer mais prosperidade à sua família, pode escolher o Ás de Pentáculos para representar riqueza e os Dez de Pentáculos para representar sua família. Em seguida, coloque as cartas frente a frente em um ato simbólico que vai ilustrar para os poderes constituídos exatamente o que você deseja que aconteça – neste caso, riqueza e prosperidade se integrando à sua família. As possibilidades são infinitas aqui, então use sua imaginação e experimente para encontrar as combinações de cartas que funcionam melhor para sua meta específica de classificação.

Usando várias cartas para mostrar uma progressão passo a passo: as cartas de Tarô também podem ser usadas para coletores de feitiços nos quais sua intenção é manifestar uma clara progressão de eventos. Escolha as cartas que representam cada etapa do seu plano e coloque-as no seu altar, uma por uma, enquanto concentra seus pensamentos e emoções no resultado que deseja manifestar. Por exemplo, se você deseja lançar um feitiço para ajudá-lo a economizar dinheiro suficiente para promover sua educação, para que possa conseguir um emprego melhor, primeiro coloque em seu altar o Ás de Pentáculos para representar o dinheiro e os recursos que vai precisar para pagar pela sua educação. Em seguida, acima ou à direita da primeira carta, coloque o Pajem de Pentáculos, associado ao estudo, foco e educação. Finalmente, acima ou à direita da segunda carta, você pode colocar o Três de Pentáculos, associados ao emprego, ou outra carta que se relaciona mais especificamente ao trabalho que deseja. A Força ou a Temperança podem ser usadas para representar enfermagem ou aconselhamento, enquanto a carta da Justiça pode ser usada para simbolizar uma carreira no campo legal.

Ao colocar as cartas, visualize-se progredindo em cada etapa do plano para finalmente atingir seu objetivo final. Depois que as cartas forem colocadas, formule uma visão muito clara e detalhada de como será o sucesso, toque nas cartas com as pontas dos dedos ou com a varinha e expresse suas intenções. Você pode simplesmente dizer: "Faça!" Guarde as cartas depois que o feitiço for lançado ou deixe-as de fora em seu altar até que seu plano esteja concluído. (Novamente, mais um motivo para justificar a compra daquele segundo, terceiro ou vigésimo baralho de Tarô!)

Movendo as cartas: outra maneira de manipular suas cartas de Tarô para o trabalho de feitiço é movê-las, deslizando-as para longe ou em direção a outra carta ou cartas. Mover uma carta para mais perto simboliza o desejo de atrair ou trazer para perto o que quer que esteja representado na carta, enquanto mover uma carta para mais longe simboliza que você está diminuindo, banindo e em geral se livrando do que quer que a carta represente. Por exemplo, digamos que você queira mais dinheiro, mais amor, mais coragem e mais amigos em sua vida. Você poderia começar escolhendo uma carta que represente você mesmo, talvez a Alta Sacerdotisa, o Mago ou uma das Cartas da Corte. Coloque a carta no centro do seu altar ou de outra superfície de trabalho e pense em quem você é e por que deseja essas coisas. Em seguida, escolha as cartas que vão representar todas as coisas que você deseja ter mais em sua vida. Você pode escolher o Ás de Pentáculos para representar dinheiro, o Ás de Copas para representar o amor, a carta Força para representar coragem e os Três de Copas ou Seis de Copas para representar os amigos. Coloque essas cartas em um anel ao redor da carta que representa você, então mova essas cartas em direção ao centro até que elas toquem a carta do meio. Ao deslizar as cartas, visualize a coleta de tudo o que precisa e deseja.

Para usar um exemplo contrastante, suponhamos que você tenha muita tristeza persistente com uma situação passada e está querendo se libertar disso. Você pode escolher uma carta para representar a si mesmo e outra para representar a tristeza que sente, talvez o Cinco de Copas ou o Nove de Espadas. Começando com a cobertura da carta da tristeza ou imediatamente ao lado da carta que representa você, deslize a carta da tristeza para longe da sua carta, movendo-a até a borda do seu espaço de trabalho, girando-a depois para ajudar a selar o feitiço imaginando essas energias negativas sendo afastadas de você.

Exemplo de Feitiço de Tarô
para Boa Sorte e Sucesso

Comece criando um ambiente que o colocará com disposição para a magia, uma atmosfera que atrairá sua mente a deixar suas preocupações e problemas para trás enquanto você entra no reino espiritual e místico. Você pode acender algumas velas ou incensos, ou simplesmente sair ao ar livre sob a luz da lua ou sob um dossel de árvores. Pode escolher um travesseiro para sentar, ou um pano para colocar as cartas. Se quiser, decore a área com cristais ou outras pedras de energia. Apenas certifique-se de que o espaço seja pacífico e confortável para que você possa se concentrar na magia em questão. Segure suas cartas firmemente enquanto toma várias respirações profundas e lentas para ajudar a fundamentar sua energia e centralizar seus pensamentos.

Agora, examine seu baralho de Tarô e selecione a carta que acha que melhor representa você. Pode ser uma das Cartas da Corte, ou o Mago ou a Alta Sacerdotisa, ou qualquer outra carta com a qual se identifique pessoalmente. Coloque essa carta diante de você no centro do seu espaço de trabalho e, ao fazer isso, pense que a carta é uma representação de si mesmo.

Em seguida, examine o baralho mais uma vez e escolha de uma a três cartas que melhor representem sua meta atual. Tente manter seu espaço claro e simples, usando o mínimo de cartas necessário para transmitir toda a sua intenção. Se for um trabalho que procura, experimente o Três de Pentáculos. Se for amor você pode selecionar o Ás de Copas. Se for amigos ou mais diversão que espera atrair, você pode escolher o Três de Copas. Escolha as cartas que falam com você, garanta que o simbolismo faça sentido e deixe você alinhado com seu objetivo mágico. Enquanto examina o baralho, pegue as cartas Sol, Estrela e Mundo; você vai precisar delas mais tarde no feitiço.

Coloque a carta ou as cartas que escolher para simbolizar seu objetivo a cerca de cinco centímetros acima da carta que representa você. Pense claramente sobre seu objetivo; desenvolva uma imagem vívida em sua mente de como será o sucesso que você busca. Imagine-se tendo esse sucesso; procure acreditar como se já tivesse alcançado o que quer que deseje. Permita que as emoções que vêm com essa visão fluam livremente. Deixe toda essa energia emocionalmente carregada girar em sua mente e em seu coração enquanto olha para as cartas que estão diante de você.

Agora, diretamente acima das cartas do objetivo, organize em ordem a Estrela, o Sol e o Mundo. Simbolizando os sonhos que se tornam realidade, boa sorte e sucesso, essas cartas atuam como encantamentos de boa sorte para ajudar a trazer poder adicional ao seu feitiço. Coloque as mãos nas cartas que simbolizam seu objetivo e nas cartas de boa sorte descritas acima e deslize-as progressivamente para mais perto da carta que representava você. Ao mover as cartas, você pode optar por empregar este verso:

É isso que eu desejo, e é isso que será!
Traga-me sorte, traga-me força,
e o sucesso para mim virá!

Visualize-se alcançando exatamente o que deseja enquanto empilha as cartas de objetivo e as cartas de boa sorte em cima da carta que representa você mesmo, colocando-as uma a uma enquanto afirma sua intenção de alcançar o sucesso. Libere a energia que se acumula em seu coração e nas cartas para o Universo mais amplo, imaginando o poder mágico de seu feitiço irradiando para os éteres, talvez sendo levado para longe para transmitir seus desejos aos poderes que existem. Deixe as cartas em um local especial de sua casa, devolva-as ao baralho ou mantenha-as juntas ou carregue-as com você para obter um impulso extra de boa sorte e boa fortuna para alcançar seus objetivos.

Feitiço de Tarô para Proteção, Cura ou Banimento de Negatividade

Para este feitiço, você vai precisar deixar as cartas de fora pelo tempo que a necessidade mágica exigir, portanto, encontre um espaço interno onde as cartas provavelmente não serão perturbadas por outras pessoas. Se as opções e a privacidade forem limitadas, você sempre pode esvaziar uma gaveta da cômoda e lançar o feitiço nela.

Comece olhando por todo baralho para selecionar as cartas necessárias para o feitiço. Você vai precisar de uma carta para representar a pessoa, lugar ou coisa que será o beneficiário da magia, uma carta que melhor simboliza quem, ou o que for que seja protegido, curado, etc. Você também vai precisar de uma seleção de cartas para representar o poder de cura, proteção ou banimento que está procurando. Para a cura, tente as cartas Temperança, Estrela, Sol, Ás de Pentáculos ou Ás de Copas. Para força e poder para banir o negativo ou proteger de um perigo, experimente o Imperador, o Ás de Pentáculos, o Cavaleiro de Espadas ou o Sol. Você também vai precisar de uma carta ou de cartas para representar a influência, doenças ou outros perigos que deve ser banido e derrotado por seu feitiço. Coloque as cartas em montes categorizados para que você as tenha úteis quando precisar delas.

Se tiver uma foto ou qualquer outro item significativo que represente a pessoa, local ou coisa que seja curada ou protegida, coloque-a à sua frente agora. Além disso, ou o mais próximo possível, coloque a carta que você escolheu para representar esse beneficiário mágico. Pense nessa pessoa, lugar ou coisa enquanto toca na carta. Ao redor da carta e cerca de doze centímetros de distância, por qualquer lado, você pode optar por colocá-las organizando a carta ou as cartas que escolheu para representar a energia, o perigo, doenças ou o negativismo que deve ser banido ou conquistado. Agora, entre essas cartas e a carta que representa o beneficiário mágico, organize as cartas de cura e proteção. Pode ser a Temperança para a cura, o Ás de Pentáculos para proteção ou outra seleção a sua escolha.

Deslize as cartas que representam o perigo ou a negatividade mais para fora ao visualizar as forças de proteção e cura dominando a escuridão e afastando-a. Vire as cartas negativas de modo que fiquem viradas para baixo, tire-as de sua área de trabalho e coloque-as fora de vista por enquanto.

Concentre sua atenção nas cartas à sua frente e imagine a pessoa, o local ou aquilo que você pretende ajudar cercado em uma esfera brilhante de cura ou luz protetora. Imagine a pessoa imersa na energia de que precisa neste momento e veja-a como saudável, segura e vitoriosa. Deixe essas cartas em posição até que o perigo tenha passado.

Agora, de volta às cartas negativas que você escondeu anteriormente. Coloque-as em um papel ou saco plástico e leve-as ao ar livre. Polvilhe uma pitada generosa de sal na bolsa e agite vigorosamente enquanto visualiza quaisquer energias negativas que possam estar permanecendo nas cartas sendo neutralizadas e purificadas. Retire as cartas do saco, assopre--as e dê uma última sacudida, depois coloque-as de volta no baralho como novas.

Lançamento do Círculo Mágico com o Tarô

Muitas Bruxas e outros magistas utilizam o que é conhecido como "Círculo Mágico", que é basicamente uma esfera de energia positiva e protetora que é lançada ao redor da área do ritual antes de um trabalho de magia. Seu propósito é manter as energias desejadas do lado de dentro, enquanto mantém as energias indesejadas fora. Isso torna o processo de conjuração mais fácil, concentrando o poder mágico de forma mais eficaz e minimizando as distrações. Existem muitas maneiras de lançar um Círculo e, embora uma varinha geralmente seja utilizada para esse fim, você pode tentar usar seu baralho de Tarô, para variar.

Escolha uma carta positiva, como o Ás de Copas, símbolo de amor e de felicidade. Segure esta carta à sua frente enquanto caminha no sentido horário ao redor do espaço ritual. Visualize uma luz pura, brilhante e positiva que sai da carta para infundir a área com amor, alegria e poder. Imagine quaisquer energias negativas ou outras vibrações indesejadas sendo expulsas e afastadas do espaço pela luz que emana da carta.

Em seguida, você pode chamar o poder dos elementos para ajudá-lo com seu feitiço. Coloque o Ás de Pentáculos no Norte para representar a Terra, o Ás de Paus no Leste para representar o Ar, o Ás de Espadas no Sul para representar o Fogo e o Ás de Copas no Oeste para representar a Água. Se quiser, convide o Deus e a Deusa para o seu Círculo também. A as cartas da Alta Sacerdotisa, da Imperatriz ou da Lua podem ser usadas para representar a Deusa, enquanto o Mago, o Imperador ou o Sol podem ser usados para representar o Deus. Coloque essas cartas no centro do espaço ritual, com a carta simbolizando o Deus colocado no lado direito e a carta simbolizando a Deusa no lado esquerdo.

O lançamernto do Círculo Mágico no estilo do Tarô está agora completo.

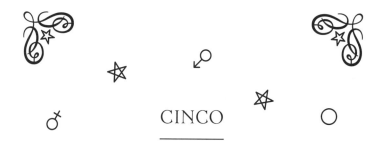

CINCO

Os Arcanos Maiores

Neste capítulo vamos explorar os Arcanos principais do Tarô. Enquanto os Arcanos Menores tendem a revelar questões de importância no plano mundano e cotidiano, os Arcanos Maiores são frequentemente de ordem superior, lidando com o crescimento e a evolução da alma, objetivos e ambições ao longo da vida, além de serem profundamente arraigados ou de longa data a padrões e ciclos que têm grande impacto no consulente e em seu caminho espiritual.

Para cada carta, você vai encontrar listados vários significados em potencial. É improvável que todos os significados potenciais de uma carta se apliquem em uma única leitura, mas ao mesmo tempo, o simbolismo do Tarô geralmente nos fala em diversos níveis. Pode acontecer de ter vários significados potenciais de uma carta em um mesmo jogo em qualquer leitura. Observe primeiro o que se destaca sobre cada carta à medida que elas surgem na leitura e permita que sua intuição e senso psíquico as alcancem e explorem antes de consultar qualquer referência ou fazer qualquer interpretação baseada em noções preconcebidas de simbolismo do Tarô. Frequentemente, as melhores partes de uma leitura serão insights que não podem ser encontrados na superfície das cartas, mas eles aparecem mesmo assim.

Depois de determinar tudo o que puder por meio de sua habilidade psíquica e das primeiras impressões gerais, pense nos diferentes significados potenciais de cada carta, examinando-os em sua mente ou consultando um guia como este e veja se alguma coisa parece tocar você de forma verdadeira.

Por favor, não se sinta restrito às interpretações das cartas fornecidas aqui. Estes significados representam uma mistura eclética de tradição oculta, tradição familiar e minha própria experiência e intuição. Desafie-se a expandir os significados que achar agradável e a questionar e estar disposto a descartar os significados com os quais você não concorda.

É útil estar familiarizado com o maior número possível de significados em potencial de cada carta do Tarô. Mesmo assim, algumas interpretações que encontrar podem se apresentar de forma distinta. Só porque algo está em um livro não significa que é verdade ou que é a única verdade.

Mantenha a mente aberta e esteja disposto a aprender com as ideias e as experiências dos outros, mas sempre deixe seu próprio julgamento e intuição ser seu guia final. Esta é uma abordagem sólida ao examinar qualquer sistema de interpretação de Tarô. Desconsidere o que não gosta, pegue o que lhe parece bom e faça o possível para melhorar e expandir isso.

O que veremos a seguir são minhas próprias interpretações que desenvolvi ao longo de quase três décadas de estudo e prática. Cabe a você construir seu próprio sistema de interpretação de Tarô e espero que aqui você encontre algumas informações úteis para adicionar ao seu conhecimento crescente.

Os Arcanos Maiores

0. O Louco

Descrição: encapsulando a ideia do espírito livre da autoconsciência ou das necessidades e exigências da carne, o Louco é verdadeiramente o espírito livre que se tornou arquétipo. Em um nível espiritual, o Louco pode representar o ego sendo deixado de lado, um momento que você está vivendo ou uma imersão total em um estilo de vida mais espiritual e menos materialista. Também pode significar uma alma que ainda não é ou não está mais encarnada ou representar uma energia pura que ainda não foi direcionada para nenhum canal em particular ou colocada em qualquer uso específico. O Louco é indiferente ao mundo material e é propenso a ser um pouco imprudente.

No nível mundano, esta carta pode sinalizar um perigo que se aproxima, acidentes inesperados ou uma viagem provocada por inexperiência ou comportamento louco e arriscado. No entanto, às vezes é necessário e benéfico tomar algumas atitudes ousadas e tolas, e se as cartas vizinhas indicarem um resultado positivo, o Louco poderia estar tentando exortar você a fazer exatamente isso, então mergulhe. Nem sempre sabemos para onde os passos que damos irão nos levar, mas devemos continuar andando da mesma forma.

Significados divinatórios: espírito livre; felicidade da ignorância; deixar o ego de lado; viver o momento; assumir riscos; necessidade de saber para onde está indo; comportamento louco; vício ou intoxicação excessiva que levam a problemas; distúrbios mentais ou emocionais; tocando o louco; loucura genuína ou ingenuidade; renúncia ao mundo material a favor de um estilo de vida mais espiritual.

Invertida: súbita consciência ou realização; hesitação; sensibilidade excessiva; sensação de estar caindo; aviso de perigo iminente; curso de ação atual imprudente; elevação espiritual não atingível até que as restrições autocolocadas na alma sejam levantadas; ansiedade; colapso mental ou emocional; vícios que tiram o melhor de você; o controle das tendências deve ser deixado de lado.

Usos mágicos: esta carta é útil em magias para superar a preocupação ou a dúvida, desanuviar a mente antes ou depois dos rituais, deixar de lado os apegos, aumentar a ousadia ou trazer alegria e leveza.

1. O Mago

Descrição: carta que representa a energia espiritual sendo derramada em forma física. O Mago encapsula a noção de capacidade utilizada em todo o seu potencial, a ideia de usar os recursos e habilidades de alguém com sabedoria e eficácia.

É um prenúncio do sucesso que está por vir, mas somente se a pessoa agir, aproveitando as oportunidades e tirando o máximo proveito do que está disponível.

Tomado literalmente pelo seu valor nominal, o Mago pode representar uma pessoa envolvida na magia ou no ocultismo. Também pode simbolizar a forma externa ou os rituais externos das artes mágicas e pode significar a necessidade de se reconectar com o objetivo maior de alguém por meio da prática magista, exploração espiritual e rituais. O Mago representa o lado ativo da personalidade humana e, no nível mais alto, significa a ideia de realizar um propósito divino mais verdadeiro aqui no reino terrestre.

Significados divinatórios: as artes mágicas; ação; confiança; habilidade; ambição; bom uso de recursos e habilidades; pessoa que pratica magia; indivíduo ambicioso e confiante; força do reino do espírito ou de outras forças invisíveis; boas oportunidades em andamento se alguém tomar medidas para aproveitá-las; prática espiritual ou mágica na vida cotidiana; a vontade do Eu Superior.

Invertida: necessidade de agir; falha em aproveitar uma oportunidade; plano ineficaz; uso inútil de talentos; necessidade de promover o desenvolvimento mágico de alguém ou de se reconectar espiritualmente; falta ou desvio de energia; estagnação sem uma boa razão; poder de agir e de mudar as coisas, mas não consegue fazer; um exibicionista ou trapaceiro de fala grande, mas que não tem autoridade para apoiá-la.

Usos mágicos: carta excelente para encantamentos e feitiços destinados a melhorar as habilidades mágicas; magia para manifestar sucesso e oportunidades; feitiços para aumentar a ambição e melhorar a liderança ou encantamentos para ajudá-lo a encontrar ferramentas mágicas que se adaptem a você. Pode ser usada em magias de amor para representar um parceiro ideal ou para simbolizar um amante particularmente poderoso, confiante, ambicioso ou mágico.

2. A Alta Sacerdotisa

Descrição: a Alta Sacerdotisa representa o lado espiritual da humanidade, o limiar do caminho para a Iniciação, representando a habilidade e a visão psíquica, a sabedoria espiritual e o misticismo. Ela é o lado espiritual das artes mágicas, o processo interno da magia. Enquanto o Mago atua ativamente, a Alta Sacerdotisa é sábia silenciosamente. É dentro desse conhecimento que está seu tremendo poder e potencial. Como Deusa Lunar e porta de entrada para o reino espiritual, a Alta Sacerdotisa nos proporciona um elo com nossa origem e nossa essência. Ela representa a ideia de que o conhecimento está se revelando lentamente ou de que os mistérios estão sendo desvendados e resume o ditado que diz que "o caminho será mostrado àqueles que perguntam".

Significados divinatórios: o limiar do caminho; o aspecto espiritual da humanidade; conhecimento espiritual e habilidade psíquica; indivíduo intuitivo e espiritualmente esclarecido; ideia de um amante ideal; idolatria; um amante submisso ou feminino; busca espiritual; iniciação; habilidade ou visão psíquica; sabedoria espiritual; calma; exploração do misticismo, magia ou outras artes ocultas; feminismo; segredo; mistério; uma história está se desenrolando lentamente; nem tudo está sendo revelado.

Invertida: indivíduo de quem não se gosta ou de quem se tem inveja; revelação excessiva entendimento superficial; ocultação; falta de espiritualidade; uso indevido de magia; má interpretação de visões psíquicas; ignorar a intuição; negar a natureza espiritual de alguém; falha revelada em algo que foi idolatrado anteriormente; ideias equivocadas; suspeita.

Usos mágicos: carta útil em feitiços para aumentar o poder mágico; aumento da percepção extrassensorial, para a magia dos sonhos; encantamentos para revelar o oculto ou para descobrir um objeto perdido; feitiços para trazer inspiração. Também pode ser usada para representar um amante mágico muito sábio e místico em feitiços de romance ou para simbolizar o amante ideal de modo geral.

OS ARCANOS MAIORES

3. A Imperatriz

Descrição: representando o processo de criação, a Imperatriz é um símbolo da própria natureza. As sementes que foram semeadas no plano astral agora estão explodindo no jardim terrestre da Imperatriz. Ela é o feitiço que funcionou, os resultados que a magia cedeu. A mãe grávida que logo dará à luz. A mãe amorosa que nutre e conforta. A Imperatriz simboliza não apenas a fertilidade do corpo, mas também da mente e do espírito. Este é um tempo de crescimento e criatividade, um tempo para os desejos que até agora só foram sonhados se manifestarem no mundo físico.

A Imperatriz é segura, adorável, confortável em seu corpo e confiante em desfrutar de sua sexualidade. É preciso aprender a reconhecer e aceitar sua própria beleza e potencial incrível; e ela incentiva você a fazer exatamente isso.

Significados divinatórios: feminilidade; sexualidade primordial e/ou apaixonada; o aspecto fértil e criativo do mundo natural; paixão e romance; comportamento sexualmente aberto; uma pessoa particularmente atraente ou desejável; um amante experiente; flerte; conforto, cuidado e nutrição; mãe; maternidade; gravidez; fertilidade do espírito; criatividade; boa saúde; crescimento; abundância; usar a sexualidade para ganhar poder; ideias e intenções nascidas no plano astral são manifestadas na realidade física.

Invertida: infertilidade; aborto espontâneo; comportamento sexual indiscriminado; indivíduo que representa uma ameaça ao relacionamento de alguém; ciúmes; perda de beleza ou juventude; menopausa; o crescimento de um projeto é atrofiado; briga com a mãe de alguém; ansiedade sobre a maternidade; necessidade de melhorar as habilidades dos pais e de ser mais compreensivo, favorável e nutritivo; calmaria ou pausa na produção criativa; bloqueio criativo; sentir-se sem apoio ou negligenciado; a paixão e o vigor estão esgotados.

Usos mágicos: esta carta é útil para encantamentos de fertilidade; romance; magia; impulsionamento da feminilidade; atração inspiradora; melhora das habilidades de mãe, ampliação da paixão, aumento da criatividade, melhora das relações entre mãe e filhos; feitiços destinados a trazer aumento, crescimento ou abundância. Também pode ser usada em rituais para representar a natureza ou a Deusa Mãe. Invertida pode simbolizar aborto ou infertilidade.

4. O Imperador

Descrição: simbolizando a força tenaz e o poder bruto, o Imperador encapsula a noção da natureza mostrando seus dentes. Ele é a natureza selvagem indomada, o ritmo natural das paixões desenfreadas e a natureza sem obstáculos. Enquanto a Imperatriz é a mãe nutridora, o Imperador é o pai protetor, empunhando sua vontade sem piedade daqueles que procuram interromper o fluxo da natureza ou ameaçar sua recompensa. Representando paixão, coragem, instinto e luxúria primordial, o Imperador nos lembra de que somos todos animais no coração com necessidades e desejos que nos levam de dentro para fora.

No nível mundano, o Imperador pode simbolizar a autoridade, a dominação, o controle e a força de vontade exercidos por si mesmo ou sobre si mesmo. O Imperador sabe o que quer e sabe como obtê-lo, ele não tem medo de se apropriar de todo o seu poder e potencial.

Significados divinatórios: o aspecto físico da humanidade; natureza primordial; saúde e vigor; domínio ou agressão; sexualidade desinibida e sem obstáculos; masculinidade; sexo apaixonado; poder e autoridade; chefe ou outro indivíduo poderoso; um amante dominante ou hábil; luxúria; desejo intenso; um indivíduo excitante ou poderoso; uma ação que requer grande esforço e força de vontade; assumir o comando de uma situação; força e liderança; o aspecto ativo e às vezes destrutivo da natureza; coragem; sentir o chamado da natureza; agir por instinto.

Invertida: violência sexual; impotência; um indivíduo que oprime, abusa ou controla negativamente; uso indevido de poder; assédio sexual; fraqueza; ignorância e loucura em se aproximar de um interesse romântico; falta de coragem; liderança ruim; perda de poder ou de posição; incapacidade de reconhecer a si mesmo com poder e capacidade.

Usos mágicos: carta útil em feitiços para invocar poder, coragem e força de vontade; ideal em magias para aumentar a autoridade de alguém; magia de cura, para aumentar a vitalidade; em amuletos para aumentar a luxúria, a paixão e a energia sexual. Invertida pode ser usada na magia para superar uma força negativa de dominação, controle ou autoridade; para mudar a estrutura de poder ou para causar fraqueza ou impotência.

5. O Hierofante

Descrição: representando a sociedade, a religião, o governo e outras instituições que tomam para si a responsabilidade de impor expectativas e limitações às pessoas ao seu redor, o Hierofante é o emblema arquetípico da estrutura de poder e do desejo de controlar e homogeneizar. Enquanto o Imperador exibe a natureza selvagem que ruge dentro de todos nós, o Hierofante é o símbolo final da civilização e da fronteira social. Embora muitas vezes seja necessário fazer as coisas dentro dos parâmetros da tradição e da convenção e cumprir as obrigações diárias sem confusão ou ressentimento, é igualmente necessário dançar ao ritmo do próprio baterista, experimentar coisas novas e perseguir paixões, desejos e ambições, independentemente do que qualquer religião, sociedade ou outra pessoa tem a dizer sobre isso.

Significados divinatórios: o jugo do mundo; convenção; ortodoxia; tradição; religião organizada; pressões e expectativas sociais; medo dos subversivos; casamento; juramento ou outro contrato de ligação ou obrigação; figura religiosa que não tem verdadeira espiritualidade; uma autoridade; fazer algo apenas para mostrar; fazer somente o que é esperado; estrutura e hierarquia; obstáculos e burocracia; ordenação; costumes; estar em uma rotina.

Invertida: quebra da convenção; algo inesperado ou fora de caráter; ação subversiva; subcultura; revolução; ideia ou prática analisada negativamente pela sociedade convencional; juramento quebrado; divórcio; superação da rotina e do medo; nova abordagem para atingir uma meta; figura de autoridade corrupta.

Usos mágicos: esta carta é útil para feitiços destinados a trazer ordem, equilíbrio, estabilidade ou normalidade. Pode ser usada para representar um casamento e em rituais para representar um juramento ou simbolizar a estrutura da sociedade. Invertida pode ser usada para quebrar pactos, derrubar a estrutura atual de poder, transformar a sociedade ou incentivar os riscos e a espontaneidade.

Os Arcanos Maiores

6. Os Amantes

Descrição: considerados como a expressão por excelência do amor e do carinho humano, os Amantes representam a necessidade e o desejo de compartilhar os tesouros de nosso coração com o outro. Enquanto o Hierofante representa o jugo da sociedade e os laços que nos ligam à ambição mundana, os Amantes simbolizam apegos construídos de amor, desejo e compaixão sentidos entre os indivíduos. Perseguir o cumprimento desse desejo natural do amor é apenas uma escolha que pode ser feita e, se esse caminho for escolhido, deve-se estar ciente de que muitas vezes é uma rota que nunca pode ser refletida. Seu coração pode ser partido em cada etapa da jornada, mas também pode encontrar cura e realização brevemente. A carta dos Amantes nos lembra de que o amor é uma escolha que temos a todos os momentos, todos os dias. Não é tanto um destino, mas uma criação ativa e um caminho do qual muitas vezes não há como voltar atrás.

Significados divinatórios: romance; amor verdadeiro; desejo de amor; relacionamento; escolha entre a vida espiritual e a vida doméstica; atração mútua; expressão de afeto; conexão apaixonada e com raízes profundas; parceria favorável; química e compatibilidade; queda consumida e inegável.

Invertida: amor não correspondido; escolha errada em questões românticas; rompimentos; amantes em desacordo; rejeição do estilo de vida doméstico tradicional; desistir de encontrar amor; incompatibilidade; relacionamento não tão significativo ou satisfatório quanto o que se esperava; coração partido.

Usos mágicos: carta excelente para magia de amor e romance, ou em feitiços e encantamentos para estimular as paixões ou para aumentar o charme e a atratividade de uma pessoa. Também é boa para magias destinadas a acabar com discussões e incentivar a compaixão. Invertida, pode ser usada para representar brigas, desarmonia e distância.

7. O Carro

Descrição: símbolo do movimento e da iluminação imparável, o Carro é o emblema arquetípico da energia em movimento. É rapidez e prontidão, o guerreiro em uma missão. Como o Sol que brilha no céu todos os dias, o mesmo acontece com o Carro, como se estivesse abastecido por uma luz sem desbotamento de inspiração interna. O Carro sinaliza um momento de movimento e ação, oportunidade e necessidade de perseguir objetivos com entusiasmo. Enquanto os Amantes representam um coração ligado ao afeto humano, o Carro é o coração que busca a glória pessoal ou por mais sabedoria e conquista espiritual. No sentido mais literal, o Carro é um veículo – os meios pelos quais uma pessoa pode chegar aonde está indo. Este veículo pode ser um carro real ou pode ser entendido metaforicamente como um símbolo do meio pelo qual se optou por alcançar o sucesso.

Significados divinatórios: escolher não ficar preso; viajar; ação; triunfo; preparar-se para uma grande mudança; rapidez; movimento; oportunidade; um visitante; uma pessoa que é exaltada ou respeitada; prontidão; antecipação; valor e bravura; ser guiado por uma luz orientadora ou senso de propósito; velocidade máxima; um veículo; mudar de um local de residência para outro; sucesso; busca ativa.

Invertida: atraso; momento ruim para viajar ou para realizar novos empreendimentos; necessidade de preparação; desejo não realizado de mudança e de ação; estagnação; falha; constrangimento para quem geralmente é respeitado; problema com o carro.

Usos mágicos: carta útil em encantamentos para viagens seguras; feitiços para incentivar o movimento; rituais para ajudar o magista a planejar e se preparar para uma ação ou decisão importante. Esta carta pode ser usada para representar um veículo ou uma mudança para uma nova residência. Invertida, pode ser usada para diminuir ou interromper as ações indesejáveis.

8. A Força

Descrição: simbolizando a domesticação da fera interior, a Força nos lembra que nem as regras e a religião do Hierofante nem as cordas do coração puxadas pelos Amantes podem se igualar ao poder do autodomínio. Enquanto o Carro conquista com velocidade e poder, voando rapidamente para longe do perigo, a Força permanece na luta, vencendo seus inimigos por meio da paciência e da compaixão. Mesmo que este mundo de leões tenha garras, devemos amar essa fera e montá-la da mesma forma.

Dentro de cada um de nós está uma força tremenda, um instinto animal com uma consciência mais alta. Quando essas forças se unem, tornamo-nos imparáveis. A carta da Força nos pede para alimentar nossas paixões, enfrentar nossos medos e usar essa energia para impulsionar nossos sonhos e maiores desejos.

Significados divinatórios: paz e comunicação com o mundo natural; força; coragem; domar uma fera real ou metafórica; tentar controlar algo que não pode ser controlado; um animal; um espírito amigável oferece ajuda ou proteção; nutrição, cura, ajuda e caridade; resistência ao instinto; superação do medo; graça; boa saúde; espírito forte; otimismo que traz sucesso.

Invertida: fraqueza; temor; relacionamento ruim com a natureza; doença; necessidade de ter mais força; falta de força de vontade; um ego coberto de vegetação; um animal amigo está ferido ou perdido; sentir-se sobrecarregado e conquistado; desistinto da luta.

Usos mágicos: carta ideal para aumentar a coragem; encantamentos para ajudar a superar o vício ou outras feras; em feitiços para aumentar a confiança e a ousadia. Também pode ser usada em magias de proteção e defesa.

9. O Eremita

Descrição: assim como os Amantes podem representar a escolha de um estilo de vida doméstico compartilhado com outra pessoa, o Eremita representa uma vida de busca espiritual solitária. Simbolizando o isolamento, a solidão, a contemplação, a perambulação e a introspecção, o Eremita representa o conceito de busca da alma. Procurando para sempre o invisível e para sempre agarrar o intangível, o Eremita procura, mas nunca encontra. Ele é seu próprio Deus, e somente olhando dentro de si mesmo ele descobrirá o que procura. Enquanto a Força irradia sua luz para fora, o Eremita irradia sua luz para dentro, guardando os tesouros de seu coração e mente para si mesmo. Uma vida assim pode se tornar solitária. O Eremita nos lembra de que, embora tenhamos que percorrer o trajeto sozinhos, uma pequena companhia ao longo do caminho pode definitivamente tornar a jornada um pouco mais brilhante

Significados divinatórios: paz; espiritualidade; busca; introspecção; uma vida de liberdade e solidão; seguir um caminho; encontrar o que estava perdido; solidão; necessidade de estar mais conectado; independência; jornada espiritual; uma missão solo; esconder-se.

Invertida: não encontrar o que procura; desolação; depressão; desistindo de uma pesquisa; solidão intensa; sentir-se desconfortável; olhar para o lugar errado; o Eremita deve sair para uma noite na cidade.

Usos mágicos: carta útil para trazer paz, aceitação e solidão, boa para os encantamentos encontrarem o que está perdido e para os feitiços aumentarem a iluminação. Invertida pode ser usada para superar a timidez ou a solidão.

10. A Roda da Fortuna

Descrição: representando a roda cada vez maior do destino e o ciclo incessante de criação e destruição, subindo e descendo, A Roda da Fortuna é a chave de macaco do Tarô. Sempre que a vida está indo bem, você sabe que uma nuvem cinza se seguirá em breve e, da mesma forma, quando as coisas não estão indo do seu jeito, você sabe que o único lugar para ir de baixo será de volta ao topo. Quaisquer que sejam os planos, esquemas e sonhos que nós, seres humanos, traçamos para nós mesmos, estamos todos à mercê dos caprichos do destino e da sorte. Coisas ruins acontecem a pessoas boas e coisas boas acontecem a pessoas ruins. A Roda da Fortuna é um lembrete de que a natureza é impessoal. Seu destino pode cair, mas também aumentará novamente. Esta carta geralmente é uma indicação de que suas finanças em breve começarão a melhorar.

Significados divinatórios: uma questão de chance; boa sorte; sucesso; oportunidade; o destino e a fortuna se unem; uma encruzilhada na vida; decisão importante; um ciclo espiritual um pouco inesperado de boa sorte; os altos e baixos naturais da existência; circunstância surpreendente; fatores invisíveis desempenham um papel importante.

Invertida: boa sorte misturada com atraso ou carga; dificuldade inesperada; obstáculos; o sucesso requer perseverança; uma má escolha; oportunidade perdida ou não reconhecida.

Usos mágicos: esta carta adiciona poder à maioria dos feitiços e é excelente para trazer boa sorte, sucesso e oportunidade. Também pode ser usada para manifestar mudanças de finanças ou circunstâncias ou para representar um ciclo ou um toque do destino.

11. A Justiça

Descrição: assim como A Roda da Fortuna continua girando, também a roda do karma continua agindo e a mão da Justiça continua caindo. Símbolo da lei humana e da ordem cármica, a Justiça resolve a questão daqueles que a natureza não conseguiu resolver por meio de seus caprichos comuns do destino. Como qualquer organismo vivo, o mundo se esforça para alcançar a estase, um estado equilibrado de ser. Quando as coisas ficam desequilibradas, a Justiça entra para torná-las justas e corrigi-las. Esperamos que a vida seja justa e a percepção de que simplesmente nem sempre ela é torna-se uma chatice. A Justiça nos lembra de que a igualdade, a justiça e o equilíbrio às vezes têm a sua própria opinião. As ações têm consequências e, mais cedo ou mais tarde, essas consequências alcançarão uma pessoa para empurrá-la para a frente ou para a lama.

Significados divinatórios: as regras do karma e do mundo físico; uma ação judicial ou outra questão legal; justiça; superação de adversários; fazer o que é certo; um aviso de retribuição; bom julgamento; pesando cuidadosamente uma decisão; afirmação de autoridade; compromisso; briga; atitude de superioridade moral; ser excessivamente julgado.

Invertida: medidas autoritárias tomadas contra o consulente; mau julgamento; viés; necessidade de mais deliberação; abuso de poder; karma colhido.

Usos mágicos: carta ideal para feitiços destinados a acertar as coisas, para acelerar os efeitos do karma e para magias de proteção e defesa. Pode ser usada para representar questões legais, autoridade e justiça.

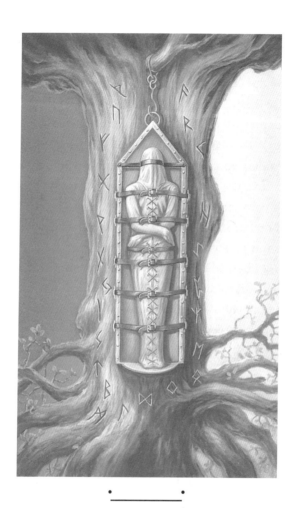

12. O Pendurado

Descrição: esta carta possui dois temas primários: transcensão e suspensão. Embora fisicamente preso e amarrado, o Pendurado supera as circunstâncias para ganhar liberdade espiritual e mental. O corpo físico e o mundo físico são apenas recipientes

Os Arcanos Maiores

temporários que podem conter parcialmente o espírito, enquanto a alma liberada caminha livremente e para sempre.

O Pendurado nos lembra de que tudo o que precisamos para ter sucesso já está dentro de nós e que, embora o mundo exterior possa nos impedir e nos prejudicar, em cada momento de cada dia temos uma escolha para pensar e sentir o que quisermos. Assim como a alma pode transcender o corpo para alcançar maior consciência, o corpo também pode transcender os limites da mente para cumprir o objetivo de alguém.

Embora esse arcano nos fale de atraso e suspensão, isso é apenas um *pitstop* temporário no caminho para encontrar a verdadeira liberdade. Podemos sentir que nossas mãos estão ligadas, quando, na verdade, existem ações que poderíamos tomar agora para desencadear uma mudança imediata. O Pendurado nos incentiva a procurá-las.

Significados divinatórios: falta de vontade ou atraso em tomar uma decisão ou uma ação necessária; restrição; estado de suspensão; período de espera; superação das circunstâncias para encontrar paz e libertação interior; rendição disposta e submissão consciente; consciência alterada; intoxicação excessiva ou outro vício impedindo a liberdade; aceitação calma do destino; ansiedade causada pela procrastinação; sensação de ficar preso; aguardando um julgamento ou sentença; julgamento ou sentença desfavorável; ser vítima das circunstâncias; incapacidade de agir.

Invertida: libertar-se do que o prende; cuidar de um assunto após um longo atraso; desejo de sobriedade; um crime ou ato ilícito é perdoado ou não punido; incapacidade séria e sofrida de ver além do estado atual; opções disponíveis, as portas para novos caminhos estão abertas, mas o consulente ainda não as considerou; chegou a hora de tomar medidas que levarão à libertação das limitações e restrições atuais.

Usos mágicos: carta excelente para invocar um estado de maior consciência espiritual e ajudar na projeção astral ou entrar em outro estado de transe; útil para nervos irritados se acalmarem; ótima para meditação e para criar um atraso ou suspensão em encantamentos. Pode ser utilizada para representar a embriaguez. Invertida, pode ser usada para ajudar a superar o vício ou a indecisão.

13. A Morte

Descrição: a mortalidade é uma consequência da vida e, embora possamos morrer mil mortes todos os dias, inevitavelmente nos elevamos do pó para começar de novo. O corpo é um recipiente temporário, assim como as estruturas que construímos na vida são temporárias. Não importa o que façamos, a mudança e a morte são inevitáveis. O que é semeado deve ser colhido e não crescerá mais, mas através desse sacrifício nova vida pode florescer. Assim como as colheitas nos campos devem dar suas vidas pela vida daqueles que as comem, a vida também exige sacrifício.

A carta Morte nos lembra de que todas as coisas boas têm um preço e uma data de validade, por isso devemos fazer alguns sacrifícios e apreciá-los enquanto pudermos. Representando finais, fechamento e transformação, a carta Morte simboliza um caminho que todos devemos seguir. A morte pode ser física, emocional ou espiritual, mas em todas as suas formas, ela ainda faz parte da vida. Esteja disposto a deixar de lado o que se foi e esteja aberto à vida a cada dia que lhe for concedido.

Significados divinatórios: entrega; mudança de marés; transformação; mudança; morte; sacrifício; renascimento; obstáculos no caminho para a iluminação; uma luz no horizonte distante oferece sabedoria, força e esperança; o karma se torna o círculo completo e o que foi semeado é atualmente colhido.

Invertida: uma transformação se faz necessário, mas não está sendo tentada; queda; sentimentos de deserção espiritual.

Usos mágicos: ótimo para invocar uma grande mudança ou revolta, para transformar uma hierarquia existente com feitiços e para que os rituais se comuniquem com os mortos ou meditem e passem pela dor.

14. A Temperança

Descrição: enquanto o Pendurado representa uma restrição física, a Temperança simboliza a restrição espiritual. O amor e a vida são preciosos e frágeis e devem ser tratados com cuidado. A Temperança é a mão leve, o toque suave. É a sabedoria da reserva, a virtude do silêncio. O símbolo por excelência da transformação espiritual resultante de uma alquimia cuidadosa de coração e mente, realizada com moderação e precisão.

Significados divinatórios: proteção espiritual; reserva; tranquilidade; moderação; comunicação; cura; sobriedade; trabalho criativo colaborativo; mente pacífica; presença serena; reconciliação; compromisso; um guardião útil; uma combinação ou retrabalho de energias; cuidado especial sobre as águas emocionais.

Invertida: energias são derramadas em empreendimentos destrutivos ou desperdiçados; desequilíbrio; período de calma interrompido; manifestação de emoção; necessidade de maior sobriedade; reserva necessária; ansiedade; desejo de uma vida pacífica não cumprido; briga; necessidade de se comprometer.

Usos mágicos: ótimo para trazer equilíbrio e moderação, para tristeza ou ansiedade; calmante para melhorar a comunicação, aumentar a cooperação e trazer boa sorte às parcerias. Esta carta pode ser usada para aumentar a reserva ou, invertida, para deixar de lado a reserva.

15. O Diabo

Descrição: o Diabo é o melhor trapaceiro, aquele animal sensual dentro de nós, tudo o que nos atrai para a ganância, raiva, inveja e outros vícios com pouca consideração pelo efeito sobre a alma ou outras consequências. Enquanto a Temperança representa restrição, moderação e cuidado, o Diabo representa abandono, excesso, desconsideração e indiferença. É o senso de direito que sentimos quando nenhum é devido a nós. É medo e desespero, a sombra das trevas que consome a luz. Simbolizando a tentação e a destruição, o Diabo nos lembra de que o que pode parecer uma pechincha no momento pode facilmente se transformar em um acordo desagradável a longo prazo. O preço do vício é a virtude, um preço alto a ser pago.

Significados divinatórios: o Espírito está vinculado por energias destrutivas; vício; acorrentado pelo materialismo ou outros desvios; luxúria; associações perigosas; intoxicação; vaidade; bondage em todas as suas formas; aviso contra o comportamento imprudente e destrutivo; estilo de vida superficial; atração puramente sexual.

Invertida: um vício está quebrado; o materialismo é evitado; grande cautela deve ser tomada; um relacionamento ruim está acabando; forças destrutivas estão perdendo o controle; uma mudança para um estilo de vida mais saudável e significativo se faz necessário.

Usos mágicos: invertida, esta carta pode ajudar a superar o vício, a dominação, o materialismo, um relacionamento físico superficial ou a negatividade. Na posição vertical, pode ser usada com muito cuidado para magia de proteção e ligação positiva, mas seja claro quanto às suas intenções e necessidades, caso contrário, um karma ruim lhe sobrevirá.

16. A Torre

Descrição: não importa o quão forte construímos a casa, o lobo mau ainda pode aparecer para derrubá-la. A Torre representa aquelas explosões inesperadas de violência e caos que às vezes atravessam nossos caminhos para apagar nossos passos e nos deixar em desespero e angústia. Trabalhamos duro na vida para ir mais longe; achamos as estrelas e apontamos para os céus, mas o que geralmente é uma longa subida é uma queda curta. A Torre nos mostra que até mesmo a fortaleza mais forte está sujeita à devastação do homem e do tempo. Seja uma prisão ou um palácio, os muros em que habitamos serão reduzidos a pó.

Significados divinatórios: destruição; crescimento espiritual desafiado ou recuado; luta; acidente; caos; insegurança; nervosismo; instabilidade; adversidade; aviso para ter extrema cautela; revisão do poder; evacuação; despejo; uma fuga é aconselhada.

Invertida: uma circunstância que parece infeliz traz mudanças necessárias; evacuação de um lugar ou situação perigosa; aviso para ter extrema cautela; o desenvolvimento espiritual precisa de um novo caminho; acidente grave; ganho inesperado.

Usos mágicos: esta carta pode ser usada para representar um plano com falha, acidente, caos, perigo, desastre ou depressão grave. Coberta com uma carta de proteção como o Ás de Pentáculos e combinada com ação lógica e cuidadosa, esse infortúnio pode ser impedido ou seus resultados diminuídos. Mantenha a intenção positiva ao usar esta carta.

17. A Estrela

Descrição: enquanto a Torre é a explosão de raios que nos choca em angústia e desespero, a Estrela é o fogo da esperança e inspiração que pode aquecer nossos corações até nas noites mais frias. Esta carta representa a faísca mágica e o espírito ilimitado que reside no mundo e também dentro de nós. A Estrela nos incentiva a fazer um desejo. É preciso mais do que desejos para que os sonhos se tornem realidade, é claro, mas sem pouca esperança e crença, as chances são pequenas. A Estrela é a Deusa da luz, da vida e do amor, para obter suas bênçãos, basta sonhar.

Significados divinatórios: espírito eterno; renovação; cura; criatividade; um feitiço respondido; esperança; inspiração; manifestação de espiritualidade ou emoção; nutrir o mundo com espírito; desejo mantido sagrado; sonhos; viagens astrais e comunicação mágica; fertilidade; muito depois de um tempo de escassez; oportunidade; chuva; inundação; promessa mantida.

Invertida: decepção; tristeza; perda de esperança; atraso temporário no progresso de projetos criativos; sentimento de falta; cansaço; abandono; reserva que leva à solidão; doença que piora; desejo que permanece não realizado; promessa quebrada; falta de fé; infertilidade.

Usos mágicos: carta excelente para a magia dos sonhos; amplificação da energia mágica; feitiços para aumentar a percepção extrassensorial ou para reabastecer o espírito; magia do amor e como amuletos para realizar um desejo.

18. A Lua

Descrição: apesar de sua distância, a atração da Lua sobre a humanidade é inegável. Controlando as marés e iluminando a noite, a Lua torna possível a sobrevivência e as travessuras. Representando os aspectos ocultos da psique humana e refletindo os aspectos que caem na vida da Deusa lunar, a Lua lança uma luz sutil que é fácil de ignorar se não estivermos prestando atenção. Mesmo em tempos de desolação, no entanto, existem joias de sabedoria e raios de esperança e inspiração que podem ser encontrados e que vão ajudar a iluminar o caminho a seguir e nos sustentar ao longo da jornada. Não devemos ter medo de espiar a escuridão, pois é onde encontraremos a luz.

Significados divinatórios: desolação e privação emocionais ou espirituais; gemas de luz em tempos de escuridão; um talento ou ideia latente é trazido à vida; forças ocultas desempenham um papel influente; a verdade é obscurecida; incerteza; ocultação; um amigo que não deve ser confiável; suspeitas; um tempo de seca espiritual, física ou emocional.

Invertida: a verdade é revelada; traição; suspeitas são trazidas à tona; espírito em um estado de transformação; pessimismo e falta de fé; alívio temporário durante um período de seca.

Usos mágicos: bom para magia destinada a manter algo secreto ou oculto, magia de proteção, feitiços para aumentar a percepção extrassensorial, feitiços para absorver e neutralizar a negatividade e a tristeza. Durante a Lua crescente, esta carta pode ser usada para amplificar a energia mágica. Invertida ela é útil em feitiços para descobrir ou superar influências não confiáveis.

19. O Sol

Descrição: abastecendo as plantas com energia e os animais com calor e luz, o Sol nos permite crescer e prosperar. Como representação deste corpo celestial, a carta solar é o símbolo por excelência da vida. Onde a luz da Lua é macia e sutil, o brilho do

Os Arcanos Maiores

Sol é flagrante e inegável. Enquanto a Lua representa os aspectos mais ocultos do nosso coração e da nossa mente, o Sol simboliza a luz dentro de nós que escolhemos compartilhar livremente com o mundo. É sucesso, brilho e iluminação. É calor, energia, crescimento e criação. Assim como a vida na terra cessaria sem o Sol, o coração humano também murcha se muito tempo nas sombras. O Sol nos lembra de que o sucesso não tem um número e essa verdadeira glória e satisfação vêm apenas deixando a luz dentro de você brilhar intensamente para que todos vejam.

Significados divinatórios: satisfação; abundância; felicidade; desejo cumprido; uma nova perspectiva; crianças; casamento alegre; um novo empreendimento criativo floresce e traz prazer; inocência; curiosidade; sucesso; força; boa saúde; sustentabilidade; tempo ensolarado.

Invertida: contentamento e felicidade são possíveis, mas não estão sendo totalmente alcançados; medidas de sucesso; as crianças precisam ser mais enfocadas e priorizadas; uma criança está com raiva do pai ou está tendo outros problemas; um pouco de clima nublado, mas sem chuva.

Usos mágicos: carta ideal para feitiços de purificação, banimento, proteção e limpeza; magia de cura; magia para melhorar o humor; magia para proteger e curar crianças e para amuletos de fertilidade. Esta carta amplifica o poder da maioria dos feitiços e é especialmente potente durante os meses de verão.

20. O Julgamento

Descrição: representando a renovação e o renascimento, esse arcano nos lembra de que, embora todas as coisas boas devam chegar ao fim, todas elas estão fadadas a começar de novo. Assim como as plantas crescem e murcham e morrem, tornando-se o solo para ajudar novas plantas a crescer, o mesmo acontece com a nova vida dos recessos mais sombrios do coração, da mente e da alma humana. É a mudança na consciência que pode acontecer a qualquer minuto a qualquer dia, a percepção de que, não importa como, tudo ficará bem. É a escolha de viver, em vez de se contentar com uma meia-vida; é a alternativa de um novo começo a escolher ficar atolado na lama. É evolução espiritual e renovação física, uma nova vida após um período de morte interna.

Significados divinatórios: uma grande mudança na consciência; evolução para uma existência mais espiritualmente libertada; atender uma chamada; moralização e julgamento; seletividade; crítica; tornar-se menos amarrado por assuntos e preocupações mundanas; morte; mudança para uma posição mais alta.

Invertida: julgamento ou crítica severa; fracasso ou atraso em seguir o chamado; mudança para uma posição menos favorável; a alma foi presa na escuridão e a luz do espírito precisa ser recarregada.

Usos mágicos: carta ideal para rituais de cura; rituais de travessia para ajudar na transição dos recém-falecidos; magia para despertar ou rejuvenescer; trabalhos de feitiços para transformação; meditações sobre o ciclo da vida e da morte e trabalhos para invocar o espírito dos mortos. Também pode ser usada na magia e em rituais como símbolo da Deusa em seu aspecto sombrio e solitário, a Guardiã do Caldeirão da vida, da morte e do renascimento. Invertida, é uma excelente escolha para a magia destinada a encerrar algo; eficaz em trabalhos de feitiços defensivos destinados a colocar os inimigos nas mãos da Deusa e no fluxo de seu próprio karma ruim.

21. O Mundo

Descrição: símbolo de uma vida em harmonia com a natureza em todos os seus aspectos, o Mundo é um ideal frequentemente perseguido: o de se adaptar e evoluir como seres espirituais perfeitamente assimilados à vida aqui na Terra e também no futuro.

Enquanto o Louco representa o espírito livre da forma física ou da autoconsciência, o Mundo é o espírito consciente materializado. É a unificação de forças, o ponto culminante da energia gasta para realizar o trabalho. É o sucesso e a oportunidade. É a Deusa da criação, onde tudo começou e para onde todos nós retornamos. O Mundo é o seu lar, e você pode segurá-lo em seu coração e em suas mãos.

Significados divinatórios: contentamento divino; boa sorte; sucesso; o destino se torna o círculo completo; uma mudança positiva, destinada ou necessária; riqueza espiritual e material; ciclo; saúde; fertilidade; alegria; vitória; existência esclarecida; oportunidade.

Invertida: o sucesso é iminente, mas será adiado; a vida desejada ainda não foi alcançada; infortúnio temporário ou leve; o ciclo não foi concluído.

Usos mágicos: esta carta acrescenta poder a qualquer feitiço, ótima para magia que traz sucesso, riqueza, boa sorte e oportunidade; excelente para magia que melhora o humor e feitiços de cura ambiental.

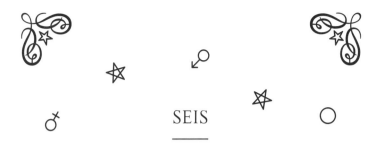

SEIS

Os Arcanos Menores

Aqui você encontrará um guia para interpretar as cartas dos Arcanos Menores. Lembre-se de que essas cartas geralmente falam de lutas cotidianas e do mundo real, de desafios e acontecimentos mundanos na vida do consulente, em oposição às cartas dos Arcanos Maiores que tendem a refletir temas mais épicos, de longo alcance ou espirituais.

Assim como nos Arcanos Maiores, aqui também você encontrará mais de um significado listado para cada carta. Estes significados representam potenciais; uma carta pode significar uma coisa em uma leitura e várias outras diferentes em outra. Nunca leia para o consulente diretamente de um guia de interpretação de Tarô, porque normalmente uma carta não vai refletir todos os seus significados potenciais, e dar ao consulente informações desnecessárias e irrelevantes pode interferir na transmissão da verdadeira mensagem da leitura. Como leitor, você determinará quais dos possíveis significados de uma carta são indicados em cada leitura individual que realizar.

Uma carta pode significar para você algo não listado neste guia. Não descarte essas impressões, valorize-as. Deixe as imagens do Tarô inspirarem você a obter suas próprias ideias sobre o simbolismo e os significados das cartas.

Ás de Copas

Descrição: os poderes elementais da Água; amor; cura; paz; tempo de abundância; criatividade; manifestação de emoção; o Espírito reluz; grandes bênçãos; amor e romance verdadeiros; espírito mais maleável.

Invertida: o amor está perdido; afeto não correspondido; briga de um amante; manifestação de emoção que traz tristeza; perda espiritual; necessidade não realizada de mais carinho; expressão de indiferença para ou de um ente querido.

Usos mágicos: use esta carta para magia de amor e romance, magia de cura e elevação do humor, magia de paz e para trabalhos de feitiços destinados a estimular a criatividade ou a obter sucesso nos campos criativos.

Dois de Copas

Descrição: conhecer um amigo ou um interesse romântico; companhia; união; sentimentos compartilhados; amor; cooperação; colaboração; uma conexão importante é forjada.

Os Arcanos Menores

Invertida: afastamento ou briga; uma reunião que será adiada ou dará errado; amizade que se afasta; diferença de sentimentos um para o outro; separação.

Usos mágicos: use esta carta para trazer amor e romance, para aumentar uma paixão, incentivar a cooperação, inspirar compaixão e trazer sucesso em projetos colaborativos.

Três de Copas

Descrição: diversão compartilhada; frivolidade; intoxicação; socialização e vínculo com amigos e amantes; felicidade; celebração; um coração jovem; bênçãos e gratidão; luxúria pela vida; magia.

Os Arcanos Menores

Invertida: alerta contra festas excessivas e intoxicação; um evento especial não atende às expectativas; perda de um amor, de alegria, de amizade ou necessidade de se reconectar com os amigos; necessidade de relaxar e celebrar bênçãos e triunfos.

Usos mágicos: carta útil para magias que elevam o humor, feitiços que incentivam a espontaneidade ou uma atitude mais leve, encantamentos para trazer novos amigos ou melhorar as amizades atuais, sortilégios para reduzir a ansiedade social e magias destinadas a manifestar mais oportunidades de diversão e lazer.

Quatro de Copas

Descrição: uma oferta é estendida; uma oportunidade é despercebida ou ignorada ativamente; a medição e o excesso de análise fazem com que se perca por possibilidades reais e presentes; consideração; contemplação.

Invertida: um humor metódico ou nítido é levantado; mudança de foco e consciência; oferta rejeitada; oportunidade perdida; necessidade de pensar nas coisas.

Usos mágicos: use esta carta em magias para manifestar ofertas e propostas e em feitiços para estimular o pensamento claro, criativo e produtivo quando houver um assunto em pauta que exija reflexão e contemplação cuidadosas. Também pode ser usada em feitiços para representar apatia ou morosidade.

Cinco de Copas

Descrição: decepção; luto; perda e tristeza; sombras e mágoas persistentes; ficar preso em um relacionamento quebrado ou perdido; focar no negativo; o sofrimento do passado faz com afaste ou ignore as possibilidades atuais.

Invertida: superação de uma perda ou decepção; mudança de atenção para novas oportunidades depois de ficar triste com um rompimento ou rejeição; advertência contra a obsessão e a lamentação por decepções.

Usos mágicos: use esta carta em feitiços para representar tristeza, desgosto, depressão ou luto. Inverta-a ou a cubra com o Ás de Copas para acelerar a cicatrização e a recuperação após uma perda de relacionamento ou outro desgosto.

Seis de Copas

Descrição: o passado; reaparecimento de um interesse romântico ou amigo do passado; infância; amizade; reconexão com um modo de vida anterior; a força das raízes de alguém; memória ancestral; o que está perdido será recuperado; reconciliação; nostalgia; recordações; lealdade.

Invertida: os laços com o passado estão quebrados; briga ou perda de um amigo; traição ou falta de lealdade; necessidade de examinar e de se reconectar com as raízes; um assunto no passado não foi resolvido ou tratado; argumento entre irmãos.

Usos mágicos: use esta carta em feitiços para se reconectar com algo ou alguém do passado, para recuperar algo perdido ou roubado ou para representar conexões, amizades, ancestrais e laços profundos.

Sete de Copas

Descrição: desejos; fantasia; tentação; ilusão; desejos ainda não atingidos ou inatingíveis; o reino dos sonhos; objetivos e interesses superficiais; lucro; tesouro; luxúria; desejo; infidelidade contemplada; um sonho impossível; falha em reconhecer a realidade de uma situação; é necessário um plano mais prático.

Invertida: ilusão quebrada; perspectiva ou plano de jogo mais realista; desejo cumprido, mas insatisfatório; sonho abandonado; tentativa de ser menos superficial; resistência à fantasia e/ou tentação; um mau empreendimento comercial pode levar a uma redução de suas posses.

Usos mágicos: use esta carta em encantamentos para invocar um elemento de fantasia, melhorar as paixões e trazer sorte em manifestar seus sonhos e desejos mais ousados.

Oito de Copas

Descrição: afastar-se de um interesse romântico ou de um relacionamento que não é mais gratificante; escolher deixar o amor passar; recusar uma oferta; seguir em frente após a labuta emocional; a lógica tem precedência sobre a emoção; desejo de solidão; distanciar-se de uma questão emocional; deixar um assunto para trás; embarcar em novas aventuras; abandonar o passado e seguir em frente; considerar se deve ficar ou ir.

Invertida: um relacionamento passado é reexaminado; emoções e memórias antigas voltam à vanguarda; estresse emocional que pode ser evitado; hesitação em seguir em frente; incerteza emocional; culpa ou outra emoção não resolvida mantém a dúvida em sua situação atual.

Usos mágicos: carta útil em rituais que visam romper laços e seguir em frente a partir de uma situação ou experiência passada que o esteja sobrecarregando; para meditações que visem ajudá-lo a processar emoções e a se reconciliar com quaisquer questões persistentes e não resolvidas. Pode ser usada em trabalhos de feitiços para representar uma jornada importante ou um momento de decisão que mude sua vida.

Nove de Copas

Descrição: o amor e as emoções são mantidos a uma distância segura, a fim de evitar potenciais dores; uma existência superficial ou vã; sucesso crescente; acumulação de riqueza; sucesso monetário; ambição; organização; fazer tudo em ordem; manter uma aparência externa de sucesso; ser muito controlador em um relacionamento romântico ou familiar; ordem; necessidade de mais paixão e espontaneidade; pessoa que tem problemas para se abrir emocionalmente por medo do que não pode controlar; reprimir as emoções de alguém para manter ou alcançar objetividade em relação a uma situação específica ou para manter a aparência de controle.

Invertida: perda financeira; questão emocional que foi evitada ou ignorada e que agora exige atenção; uma vida organizada é jogada em desordem; desorganização e caos; tentativa de mais intimidade emocional com alguém que geralmente tenta manter a distância; necessidade de se organizar; necessidade de colocar os planos e os recursos em ordem antes de obter o sucesso.

Usos mágicos: carta útil em feitiços e encantamentos para ajudar na organização, apoiar o acúmulo de recursos e em meditações para ajudar a obter maior objetividade quando as emoções estão obscurecendo seu ponto de vista. Invertida, pode ser usada na magia destinada a abrir o coração e incentivar um compartilhamento mais completo e honesto de emoções.

Dez de Copas

Descrição: felicidade; paz; prosperidade; um futuro alegre; tempos felizes passados com amigos ou familiares; sonhos e objetivos; contentamento; paciência; relacionamento feliz e amoroso; felicidade encontrada em prazeres simples; ver um futuro compartilhado; sentimentos de segurança e amor; o que é necessário está disponível em uma fonte inesperada; uma visão de sucesso é formulada.

Invertida: decepção ou atraso de algo esperado; a paz e a felicidade são um pouco ou temporariamente interrompidas; sentir-se insatisfeito; período temporário de falta financeira ou emocional; desconexão e distância em um relacionamento; necessidade de se reconectar com um ente querido; novas inspiração podem ser encontradas se novos sonhos e experiências tiverem permissão para florescer; perda de esperança; impaciência por ainda não ter alcançado o que se deseja; sonho ou futuro esperado que nunca se concretizou; necessidade de continuar tentando.

Usos mágicos: use esta carta para ajudar a trazer sucesso e para manifestar sonhos e desejos em realidade. Útil para feitiços de unicidade, familiaridade, paz e harmonia, ou para ajudar a restaurar a intimidade, a compaixão, os objetivos mútuos e a compreensão de um relacionamento.

Pajem de Copas

Descrição: um indivíduo criativo que é um artista, músico ou escritor; diversão; uma pessoa alegre, divertida; interesse romântico; o entusiasmo de um novo amor; amor de filhotes; distração; criatividade; felicidade; uma oferta de amor; emoção;

Os Arcanos Menores

as artes; um novo projeto criativo gera vida; romance; embriaguez; brincadeira; frivolidade; uma atitude alegre; aquele que vive a vida com entusiasmo e paixão; um coração aberto.

Invertida: afeto não correspondido; briga de um amante; perda de paixão ou falta de brilho; uma pessoa que está perturbada ou procura causar problemas; um bloqueio temporário na criatividade; uma ideia valiosa falha, é abandonada ou é esquecida; a emoção de um novo romance ou outra busca começa a desaparecer; talentos criativos estão sendo ignorados; necessidade de nutrir e expressar o lado criativo de alguém; nova inspiração no trabalho criativo de outra pessoa; mais maturidade e reserva; uma pessoa com motivos superficiais ou egoístas.

Usos mágicos: carta útil em encantamentos destinados a atrair amor, inspirar paixão ou alimentar a criatividade. Também pode ser usada em feitiços para representar um artista, um músico, um amante ou qualquer alma criativa e divertida que seja jovem de coração.

Cavaleiro de Copas

Descrição: uma pessoa amorosa que é gentil, verdadeira e galante; romance; um indivíduo refinado e bem-educado; amor verdadeiro e apaixonado; uma oferta de amor ou compaixão é estendida; desejo de conhecer um parceiro romântico; um relacionamento

Os Arcanos Menores

amoroso com potencial para crescer e se tornar sério; cavalaria; polidez e boas maneiras; uma expressão de emoção; uma proposta; uma ajuda é oferecida.

Invertida: retirada de afetos; briga com parceiro romântico; recusa de uma oferta de amor; atraso antes do início de um novo romance; uma expressão de emoção foi mal interpretada; sonhos de amor foram abandonados; falta de crença na dignidade de alguém por amor; falta de confiança nas habilidades românticas de outra pessoa; necessidade de mais romance; mau comportamento ou falta de refinamento; negar as emoções ou o lado mais suave de alguém; uma pessoa que a carta representa está tendo dificuldades ou se opõe ao consulente.

Usos mágicos: use esta carta na magia do amor para representar um amante ou a ideia de amor grandioso e romântico, ou em feitiços de resolução de conflitos para manifestar uma oferta de paz sendo estendida. Também pode ser usada para representar propostas e outras ofertas.

Rainha de Copas

Descrição: pessoa amorosa, gentil, alegre e feminina; feminilidade; pessoa que é romanticamente desejada; personalidade borbulhante; pessoa que parece ser extrovertida, mas usa uma máscara espessa; algo secreto ou oculto que precisa ser mantido

Os Arcanos Menores

assim; beleza; atratividade; reserva de afeições; guardar o coração mais verdadeiro apenas para os mais dignos; estado mental onírico; uma pessoa que dá muita importância à aparência pessoal; amor e bondade; um sonho sobre um interesse romântico.

Invertida: pessoa que representa uma ameaça ou é vista como uma rival na vida amorosa do consulente; uma pessoa que a carta representa está causando conflitos ou precisa de ajuda; rompimento ou perda de amor; amor não correspondido; expressar as paixões ocultas e as motivações mais profundas; compartilhar um segredo; falta de reserva; coração partido; desonestidade; ser muito aberto e gratuito com afetos; necessidade de segurar um pouco antes de mergulhar de cabeça em um relacionamento.

Usos mágicos: carta útil em magia de amor e em feitiços e encantamentos destinados a aumentar a beleza, a feminilidade e a atratividade de alguém. Invertida, pode ser usada para fazer com que segredos sejam revelados ou motivações ocultas venham à tona.

Rei de Copas

Descrição: indivíduo maduro, amoroso e gentil; amor incondicional; pessoa que oferece ajuda; pai amoroso; alma compassiva e leal; amor verdadeiro, maduro e estável; aquele que está apaixonado; gentileza; pessoa que se sente confortável com suas emoções; honestidade e lealdade; responsabilidade em cuidar dos outros; boa saúde; força; amor e compaixão; contentamento; um coração verdadeiro; gentileza; maturidade emocional; uma pessoa solidária que nutre seu lado mais suave; a força e o poder do amor; uma vida bem vivida; sucesso obtido; prazer nas alegrias e triunfos das pessoas ao seu redor; grande sucesso e renome.

Invertida: falta de compaixão; deslealdade; desonestidade; a pessoa que esta carta representa é ou está perturbada ou está causando problemas; saúde debilitada; retenção de apoio emocional; um pai que tem problemas para expressar amor por seus filhos; um argumento ou um rompimento em um relacionamento romântico; necessidade de nutrir o lado mais afetuoso ou de estar disposto a ser mais aberto emocionalmente.

Usos mágicos: use esta carta em magia romântica para atrair amor maduro e duradouro, aumentar a lealdade, incentivar a gentileza, abrir o coração ou trazer sucesso. Também pode ser usada em feitiços para representar um pai amoroso, simbolizar a força do amor ou representar compaixão.

Ás de Pentáculos

Descrição: riqueza; recursos; dinheiro recebido; prosperidade; emprego; base forte; fixação mental em uma questão de dinheiro; forte conexão com a natureza; proteção e defesa; força; segurança; estabilidade; os poderes elementais da Terra; o poder

Os Arcanos Menores
151

da natureza; estar fundamentado e realista sobre uma questão específica; oportunidades; uma nova fonte de renda; empreendimento lucrativo; poder mágico; uma frente unida; a natureza conspira para ajudar.

Invertida: aperto financeiro ou dificuldades financeiras contínuas; despesa inesperada; necessidade de maior estabilidade; a sensação de segurança de alguém é abalada; necessidade de se reconectar com a natureza; perda de renda ou dificuldade em encontrar um emprego; negligência dos talentos mágicos; necessidade de parar de se concentrar tanto em dinheiro; ansiedade; empreendimento de negócios imprudente; base ruim; maior frugalidade é necessária.

Usos mágicos: use esta carta em feitiços e encantos para atrair dinheiro ou outros recursos materiais, em magia defensiva ou protetora, em magia de cura, em encantamentos destinados a aumentar a força e em feitiços para estabilizar energias erráticas. Também pode ser usada para representar a Natureza como um todo, o elemento Terra, ou para aumentar o poder de qualquer feitiço.

Dois de Pentáculos

Descrição: lutando para manter o equilíbrio e a estabilidade; fazer malabarismos de uma só vez; uma revolta ou mudança nas condições atuais; pesagem de opções ou comparação de valor; perda de fundação e falta de base; viver uma vida dupla;

passar pelo caos; valores ou desejos conflitantes; estilo de vida hipócrita; dois pesos e duas medidas; embriaguez ou outras formas de intoxicação; uma pessoa de duas caras; engano ou outras formas de trapaça; seguir as regras do jogo; um ambiente caótico; revolta da sensação de segurança de alguém; ter que fazer malabarismos com as finanças para sobreviver; uma virada de fortunas financeiras; estar em paz com as marés do destino e tomá-lo como ele vem.

Invertida: desequilíbrio extremo; caos; tumulto opressor; um ato de malabarismo falha; um engano é revelado; uma intoxicação excessiva é fonte de crescente infortúnio e dor; perigo; queda ou outro acidente; aviso de águas perigosas ou clima ameaçador; as ações atuais de alguém não podem ser mantidas por muito tempo; uma base mais firme é necessária para que alguém ache o que procura; exaustão nervosa por ter de administrar finanças muito apertadas ou por ter de dar conta de muitas coisas ao mesmo tempo.

Usos mágicos: use esta carta em feitiços e rituais para representar caos e turbulência, para simbolizar a necessidade de maior equilíbrio ou para ajudar a fugir de um engano. Invertida é útil para romper ilusões e fazer enganos e padrões duplos surgirem.

Três de Pentáculos

Descrição: habilidade em um comércio ou ofício; sucesso e reconhecimento profissional; a guilda de um trabalhador; colocar as habilidades e talentos de alguém em uso; cooperação; ser aprovado em uma escola ou em outra organização; ser aceito em um grupo de colegas; aprendizagem ou orientação; emprego; ambiente de trabalho; networking entre contatos comerciais; trabalho bem feito; obter diploma ou outra certificação; treinamento e desenvolvimento; estudo; educação; estudo esotérico; Covens e outros grupos mágicos; conhecimento compartilhado; um profissional deve ser consultado; trabalho ou comissão obtido.

Invertida: perder um emprego; dificuldade em encontrar trabalho; sentir-se rejeitado por amigos ou colegas de trabalho; condições de trabalho desagradáveis; trabalho mal feito ou descuidado; artesão mal treinado; fofoca de escritório; colegas falando pelas costas; mais pesquisas são necessárias; uma mudança de emprego deve ser contemplada; é necessário mais treinamento ou educação para atingir o objetivo de alguém; necessidade de levar os estudos de alguém mais a sério; um grupo mágico ou outro clube ou guilda que não está mais servindo aos melhores interesses.

Usos mágicos: carta ideal para feitiços destinados a conseguir um novo emprego ou a obter sucesso em seu campo de carreira escolhido. Útil para estudantes que desejam aprimorar suas habilidades de estudo ou aprofundar seus estudos, além de ser um recurso para feitiços e encantamentos destinados a ajudar a obter aceitação em uma escola ou organização profissional. Pode ser usada para representar grupos mágicos ou a ideia de estudo mágico e pode ser utilizada para ajudar a aprimorar as habilidades e aumentar a sorte de qualquer pessoa que trabalhe em profissões ou ofícios especializados.

Quatro de Pentáculos

Descrição: agarrar-se a algo com muita força; ambição; redenção e frugalidade; avareza ou mesquinhez; ter o dinheiro necessário; um segredo é mantido; estabilidade financeira altamente valorizada; preocupação com a perda de recursos ou ansiedade

OS ARCANOS MENORES

financeira em geral; retenção de conhecimento ou recursos; apego a algo que fornece sensação de segurança e estabilidade; resistência à mudança; o medo de deixar o ego de lado cria um espírito isolado preso no material; apegos mundanos e muito acumulo sendo colocados em sucesso material; estabilidade; sentir-se fundamentado e seguro; proteção mágica; ocultação; os recursos de alguém ou o senso de estabilidade está sendo ameaçado; ser fechado e excessivamente protetor de si mesmo.

Invertida: despesa imprevista ou particularmente difícil; medo de não ter dinheiro suficiente; gastos de dinheiro livremente; deixar de lado os anexos; revelação de um segredo; algo é perdido ou doado; instabilidade financeira e revolta; vendo além do mundo físico; deixar de lado uma situação segura e confortável para buscar novos objetivos; deixar passar uma oportunidade; sensação de que o tapete está sendo puxado; perda de recursos; perda do senso de segurança; necessidade de economizar mais dinheiro e ser mais frugal.

Usos mágicos: use esta carta em feitiços destinados a apoiar a economia de recursos ou para ajudar a construir uma base firme e segura. Útil em encantamentos de proteção e excelente como corretivo mágico, quando você precisar que suas ações passem despercebidas por outras pessoas. Invertida é ideal para se livrar de apegos que não lhe servem mais ou para ajudar a revelar a verdade quando informações importantes estiverem sendo ocultadas.

Cinco de Pentáculos

Descrição: foco demais na condição física inibe a consciência espiritual; uma porta está fechada; limites, doenças e necessidades do corpo físico; distância emocional; falta de caridade; pobreza e necessidade; desolação; amantes mantidos separados devido a circunstâncias ou destino; ser evitado; sentir-se excluído por aqueles que o rodeiam; falta de compaixão; tempo frio; não há caminho ou porta aberta que leve ao que se busca atualmente, uma nova abordagem deve ser forjada.

Invertida: uma porta trancada é aberta; uma nova oportunidade e um caminho para o sucesso aparecem; caridade; ajuda necessária; pobreza ou desolação extrema por um longo período podem causar fraqueza e desespero; aviso para trancar o carro e as portas da casa; cuidado para não se trancar ou trancar as chaves de alguém; clima amargamente frio ou desagradável.

Usos mágicos: use esta carta no seu trabalho mágico para criar caminhos para o sucesso e para abrir novas portas e oportunidades. Contemple as barreiras que até agora ficaram no seu caminho, depois reverta a carta para a posição de cabeça para baixo, enquanto imagina essas barreiras se quebrando para revelar uma estrada aberta que o leva exatamente onde você quer estar.

Seis de Pentáculos

Descrição: um presente; mais frequência de dinheiro; compaixão e caridade; altruísmo para impressionar os outros; demonstração de benevolência; apelo; pesando cuidadosamente o que é gasto; estar farto de despesa após despesa ou com pessoas pedindo caridade; dar ou tomar energia sem uma troca justa; não obter salário justo pelo trabalho de alguém; fazer algo aparentemente agradável para outro por pena; aquele que dá aos outros apenas o que eles devem; um pequeno favor; ajustar e negociar; aceitar ou oferecer ajuda; estar em posição de desigualdade; submissão.

Invertida: aborrecimento; assistência dada com ressentimento; arrebatamento; um acordo deve ser cancelado; pedido de ajuda negado; problemas para aceitar a ajuda de outras pessoas; o hipócrita vistoso é exposto; exaustão provocada por uma vida vivida no serviço constante a outros; dar ou gastar mais do que o pretendido.

Usos mágicos: use esta carta em feitiços quando a ajuda for necessária, especialmente quando for do tipo financeiro que você procura. Também pode ser usada em encantamentos destinados a aumentar a generosidade e a compaixão.

Sete de Pentáculos

Descrição: aguardando os esforços dar frutos; trabalho e paciência constantes, os cuidados do consulente estão se acumulando e ele em breve verá resultados; trabalhando em direção a um bom futuro; paciência desafiada, mas segura; após um breve atraso, o sucesso será alcançado; a recompensa tão esperada chegará em breve; dinheiro esperado; tempo de cuidar e de nutrir; responsabilidade; um plano ou ideia privada mantida com carinho; derramamento de sangue, suor e lágrimas em um projeto ou pessoa; cuidando bem de algo precioso.

Invertida: um esforço finalmente se concretiza; é tempo de colheita; um empreendimento negligenciado precisa de atenção; um período de atraso está terminando; a impaciência impede o crescimento potencial; oportunidade; a espera acabou; uma colheita fracassada; planos e projetos não conseguem se pagar; ausência de retorno para um trabalho que alguém começou.

Usos mágicos: use esta carta em feitiços e rituais para representar a ideia de recompensa e de colheita, dos frutos e dos tesouros do seu trabalho. Mova a carta rapidamente três vezes em um pequeno círculo no sentido horário para acelerar ao longo da colheita.

Oito de Pentáculos

Descrição: trabalho e esforço constantes; projetos de artesanato ou outro trabalho que requer habilidade e atenção; habilidade de aperfeiçoamento através da prática; técnica; trabalho duro para construir renome e riqueza; emprego estável; tédio; um grande projeto requer conclusão; sentir-se caindo a cada passo dado; deveres extras; excesso de esforço produzindo resultados lentos, ambíguos ou insatisfatórios; trabalho medíocre que deixa alguém se sentindo não cumpridor; chegar a lugar nenhum, e não por falta de tentativa.

Invertida: esforço infrutífero ou mal direcionado; aborrecimento em um emprego a ponto de querer sair; artesanato de baixa qualidade; mais esforço deve ser gasto; entusiasmo e maior eficácia podem ser encontrados se alguém se aproximar da situação por uma perspectiva diferente; uma habilidade requer melhora; perda de um emprego ou desistência de um projeto criativo; justamente quando o consulente achava que estava prestes a ter sucesso e tudo o que construiu desmorona; seus esforços não são apreciados.

Usos mágicos: use esta carta em feitiços para obter trabalhos artesanais ou em comércio, ou para ter sorte e resistência extra para ajudá-lo a passar por um projeto especialmente difícil ou intensivo em mão-de-obra. Invertida, pode ser usada para causar o colapso de planos e projetos.

Nove de Pentáculos

Descrição: estilo de vida bom e saudável em harmonia com a natureza; prosperidade; fortuna; segurança; casamento feliz; vida doméstica pacífica; foco no lar e na família; uma boa mãe; casa ou jardim; contentamento sem satisfação completa; cuidados com o jardim externo, negligenciando o jardim interno; permanecer dentro dos limites autoimpostos da zona de conforto de alguém; a riqueza material criou paredes em torno do coração verdadeiro ou protegeu uma das realidades externas; concentrar-se apenas na própria esfera de influência e negligenciar ou deixar de notar o resto do mundo; o tédio que só será aliviado ao se esforçar para explorar mais e fazer mais coisas fora da experiência normal de alguém.

Invertida: casamento infeliz; vida doméstica desagradável; perda de uma casa; tendência a tarefas domésticas; perda de riqueza e estabilidade; conflitos familiares; estilo de vida desejado ainda não alcançado; insatisfação; depressão causada pelo tédio de fazer repetidamente a mesma coisa de sempre; desafiando-se a expandir a zona de conforto e examinar as paredes construídas em torno de si para descobrir o que está além; voltando ao trabalho depois do tempo gasto em casa.

Usos mágicos: esta carta é útil em feitiços e encantamentos destinados a ajudar a encontrar ou vender uma casa e uma boa opção para magia aumentar a prosperidade. Invertida é útil para ajudar a ganhar coragem, inspiração e motivação para experimentar coisas novas e viver mais espontaneamente e com ousadia.

Dez de Pentáculos

Descrição: ter tudo; grande riqueza e prosperidade; vida doméstica feliz; lar amoroso; casamento de conteúdo; a força e a unidade de uma família feliz; crianças; segurança; sucesso; conforto; encontrar alegria em prazeres simples; a felicidade futura é muito atingível; amor e união; expressando gratidão e apreciação pelas bênçãos; relacionamento próximo que pode levar a um casamento; apreciação ou interesse pelas raízes ancestrais de alguém.

Invertida: uma vida em casa geralmente contente, salpicada com pequenas ansiedades e dificuldades que interferem no prazer; pequena perda financeira; consciência de que as coisas poderiam ser ainda melhores; situação doméstica menos do que o ideal, mas ainda boa e agradável; brigas com parentes; quebra de laços familiares; necessidade e/ou desejo de se reconectar com a família; forte rede de apoiadores compassivos em torno de uma pessoa que eles não estão atualmente explorando.

Usos mágicos: carta útil em magia para promover paz, amor, compaixão, compreensão e união entre os membros da família; excelentes para feitiços e encantamentos destinados a trazer sucesso e prosperidade. O símbolo final do Tarô da família, você também pode usar esta carta em meditações para ajudá-lo a se conectar com os ancestrais.

Pajem de Pentáculos

Descrição: indivíduo entusiasmado que está ansioso pela experiência; pessoa viciada em trabalho; estudante; aprendiz; aventura que se aproxima; foco em um objetivo; estudo diligente; indivíduo trabalhador e dedicado; praticidade; concentração;

ser obstinado a um desejo em particular ou se esforçar ao ponto de obsessão; análise excessiva; conhecimento e experiência estão sendo adquiridos; um plano bem formulado vem do pensamento praticamente.

Invertida: a carta pode significar uma pessoa que se opõe ao consulente ou que está tendo um tempo difícil; aborrecimento; distração; falha em ficar de olho no prêmio; perder de vista os objetivos de alguém e sair do curso dos planos feitos no passado; necessidade de reavaliar objetivos para garantir que eles ainda estejam alinhados com o coração e a mente atuais; a irresponsabilidade ou preguiça pode levar ao desastre.

Usos mágicos: esta carta pode ser usada em feitiços e encantamentos para melhorar o foco enquanto estuda ou faz qualquer forma de trabalho mental que requer concentração; excelente como um talismã de boa sorte para manter você seguro enquanto faz algum tipo de teste. Invertida, se você estiver obcecado ou analisando algo que deseja seguir em frente, use esta carta como auxílio para mudar seu foco.

Cavaleiro de Pentáculos

Descrição: pessoa prática que não tem medo de buscar seus desejos; aura escura e misteriosa; profunda apreciação pela natureza e/ou pela magia; indivíduo protetor e estável, que faz com que outras pessoas ao seu redor se sintam seguras; o espírito autoprotetor da natureza; tomando medidas sólidas e práticas para alcançar uma meta; perseguir um objetivo com pouca consideração ao que está sendo sacrificado em sua busca; garantia de propósito; pisar em terreno novo; oportunidade de negócio; o consulente pode beneficiar os outros por meio de seu próprio sucesso e ajudará os que querem alcançar seus objetivos; confiança; progresso; um buscador de fortuna; terreno fértil para semear as sementes de novos projetos.

Invertida: a pessoa que a carta representa é perturbada ou está em desacordo com o consulente; um trabalho desleixado terá de ser refeito; falta de um bom plano; descuido; movimento imprudente em direção a um desejo; falha em agir ou quaisquer medidas sólidas para conseguir o que deseja; o jardim não crescerá, a menos que alguém procure o campo e plante as sementes; incerteza; abandono de emprego; movimentos rápidos; a imprudência culmina no caos; necessidade de guardar cuidadosamente o que semeou.

Usos mágicos: carta útil nas meditações para ajudar a pensar de forma clara e prática sempre que estiver lutando para formular o melhor plano de ação. Também pode ser usada na proteção ambiental e na cura pela magia e é excelente para enviar um espírito de proteção para ajudar a proteger e a defender quem quer que seja ou onde houver necessidade.

Rainha de Pentáculos

Descrição: consciência do sagrado no mundo físico; praticidade; nutrição e proteção; pensamento profundo; espírito sombrio e/ou solene; aquele que valoriza bastante a segurança e a estabilidade; sabedoria; conexão profunda com a terra; ajuda das forças mágicas; indivíduo com um espírito terroso que sente forte amor pela natureza; uma Bruxa ou o um ofício de Bruxa; aquele que é sábio e reservado; nutrição e conexão de alguém com a natureza; manter as coisas juntas; segurando-se firmemente a algo, seja a uma ideia, um desejo, um plano, uma pessoa ou uma memória; espírito protetor e altamente defensivo; alma profundamente amorosa que leva o coração partido até o âmago; conscienciosidade.

Invertida: insegurança; sentir-se ameaçado por uma perda potencial ou por outro perigo; perda de segurança e de estabilidade; falta de carinho; deixando de lado algo precioso e querido; conexão perdida ou amortecida com a natureza e/ou com a magia; tempo demais gasto com pensamentos de tristeza; suspeita; tristeza profunda; uma ferida emocional precisa de cura através do amor-próprio e autocuidado; uma pessoa que a carta representa está com problemas ou está causando conflitos na vida do consulente; ansiedade; preocupação.

Usos mágicos: carta útil em feitiços e rituais destinados a fortalecer sua conexão com a natureza e reforçar seu poder mágico, ou aumentar seu amor-próprio e incentivar um melhor autocuidado. Útil em feitiços para ajudá-lo a encontrar outras Bruxas, e também um bom complemento para magia protetora e magia de cura natural.

Rei de Pentáculos

Descrição: abundância; fortuna; força e recompensa da natureza; crescimento; prosperidade; regra estabelecida; praticidade; proteção e segurança; sucesso nos negócios e no lar; lucratividade; bom senso para os negócios; exuberância da natureza; veracidade;

aquele cujos instintos animais e luxúria pela vida são profundos; pessoa poderosa que pode atuar como protetora da natureza; entes queridos; pessoa mais velha com um comportamento escuro, estável e sólido; indivíduo bem-sucedido, respeitado; o provedor ou ideia de ser prevenido; o pai fornecedor; teimosia; pessoa que oferece proteção ou ajuda financeira; segurança; estabilidade; boa colheita; boa saúde; sucesso estabelecido; confiável para fornecer um meio de apoio.

Invertida: indivíduo desonesto ou corrupto, atormentado pela ganância ou obcecado por preocupações materiais; sentimentos de vergonha, dúvida ou preocupação associados a não sentir que alguém está ganhando dinheiro suficiente ou que as expectativas para o sucesso não estão sendo alcançadas; fracasso em questões comerciais; capacidade de fornecer ou de agir com responsabilidade; desonestidade; mais responsabilidade em cuidar da casa e da família; a pessoa que a carta representa se opõe ao consulente ou precisa de ajuda; recusa de ajuda material; finanças incertas; erro de cálculo.

Usos mágicos: carta útil para feitiços destinados a promover o crescimento, boas colheitas, riqueza, fertilidade, emprego, maturidade ou abundância. Pode ser usada para representar Dionísio, o Deus grego do vinho e do instinto animal, associado ao espírito da colheita, uma personificação da recompensa da natureza. Também pode ser usada em magia para representar uma pessoa que pode ajudar ou para significar um recurso necessário ou desejável, como comida ou dinheiro. Apropriada para feitiços de proteção, especialmente quando a magia está focada na segurança de animais, culturas ou famílias.

Ás de Paus

Descrição: os poderes elementais do Ar; virilidade física ou sexual; as coisas estão se movendo e as marés estão mudando; grandes mudanças; escolher fazer em vez de não fazer; tomar decisões rápidas; agilidade; transformação; o poder de criar mudanças está em suas mãos; a situação está atualmente em fluxo; trocabilidade; flexibilidade; as artes mágicas; um novo começo; feitiço bem-sucedido; uma ideia que exige atenção; o pensamento superior leva a uma nova visão.

Invertida: estagnação; impotência física ou sexual; equívoco ao fazer uma mudança necessária; atraso; deficiência em agir; uma ação ou mudança que não beneficiou a consulta; necessidade de fazer mais; resistência à mudança; um pouco de magia fracassada; ação interrompida ou ideia prejudicada.

Usos mágicos: use esta carta para invocar mudanças, incentivar transformações ou para trazer um impulso extra de rapidez a qualquer feitiço. Também pode ser usada em feitiços e rituais para representar o elemento Ar, a própria magia ou seus pensamentos e ideias mais elevados. Invertida ela é útil para interromper ou atrasar uma ação que está em andamento atualmente ou para impedir as alterações que já estão a caminho.

Dois de Paus

Descrição: descontentamento; sucesso externo, mas infelicidade interior; insatisfação com as circunstâncias ou com o destino atual; vazio espiritual; a mente está em outro lugar; desagrado; divisão de pensamento ou propósito; uma mente dividida;

mesmo tendo tudo sente-se não realizado; pequenos sucessos que deixam a pessoa se sentindo vazia e desiludida; poder de fazer alterações, mas prefere focar sobre o que falta; domínio sobre uma situação; empreendimento ou jornada de sucesso nos negócios; objetivos estabelecidos; planejamento cuidadoso; contemplar novas empresas; manter o curso enquanto sabe que a cabeça ou o coração de alguém está em outro lugar.

Invertida: insatisfação persistente e com raiva profunda; renúncia; colocar as próprias necessidades e desejos como última prioridade; manter aparência de sucesso ou perpetuar uma benevolência simulada; esforço fracassado; uma casa dividida sofre; a falta de realização pessoal não pode mais ser ignorada; contradição nas ações e pensamentos de uma pessoa que tira o melhor delas; um ingrediente-chave é necessário para a felicidade, o sucesso ou o crescimento espiritual será obtido por honrar as verdadeiras motivações de alguém.

Usos mágicos: carta muito útil na magia, destinada a definir objetivos ou a encontrar seu verdadeiro propósito e paixão na vida. Use-a em rituais e meditações para se representar quando estiver insatisfeito, sabendo que precisa de algo mais, mas você não tem certeza do que é. Invertida é útil para levar ao fracasso projetos desagradáveis ou para fazer com que ideias e planos indesejáveis sejam abandonados.

Três de Paus

Descrição: sucesso de um projeto ou empreendimento específico sendo aguardado; espera de que algo aconteça em seu caminho; retorno de um viajante; oportunidade no horizonte; fé de que eventualmente adquirirá o que é mais caro e desejado; lançar novos projetos e esperar o melhor; deixar uma marca no mundo; esperar para ver o resultado dos empreendimentos; manter o coração e a mente com esperança ou possibilidade distante; anseio; o navio chega após um pequeno atraso.

Invertida: o tão esperado navio do sucesso chega de repente; esperança distante realizada ou quase perto de acontecer; projeto que falha, necessitando de um novo plano; sonhar demais impede o prazer dos acontecimentos atuais; necessidade de viver mais no momento; o retorno de um viajante está atrasado.

Usos mágicos: carta útil em magia destinada a trazer sucesso a um projeto ou empresa lançada recentemente. Útil em feitiços destinados a provocar o retorno de algo ou alguém que está atualmente a distância.

Quatro de Paus

Descrição: matrimônio ou desejo de casamento; um relacionamento feliz; felicidade e bons tempos; evento social grande ou importante; festa, casamento ou outra ocasião especial envolvendo um nível de formalidade ou extravagância; antecipação de

Os Arcanos Menores

185

um próximo evento especial; planejamento e preparativos do partido; altas expectativas; cerimônia ou celebração; tempo de alegria e bênçãos; demonstração de riqueza; desfilando a felicidade de alguém.

Invertida: casamento infeliz ou quebrado; a alegria se transforma repentinamente em tristeza; ansiedade relacionada a um evento social; festa fracassada ou evento especial; expectativas não atendidas; um evento antecipado acaba perdendo o brilho; hesitação, atraso ou rejeição em conexão com uma proposta de casamento; as consequências do excesso de indulgência ou extravagância; embalagens descartadas de presentes passados.

Usos mágicos: use esta carta em feitiços para representar um casamento bem-sucedido ou para trazer boa sorte em uma festa ou outro evento social significativo ou ocasião especial. Também pode ser usada para trazer trégua ou representar novas alianças, excelente em feitiços destinados a ajudar a superar a ansiedade. Invertida é útil para representar a ansiedade social ou hábitos extravagantes que você espera superar.

Cinco de Paus

Descrição: ciúme; concorrência; vitória após lutas; desacordos e conflitos entre amigos; desejo de ganhar em pé de igualdade com os colegas; argumentos mesquinhos; conflitos e lutas cotidianas; brincadeira lúdica; hierarquias e política de escritório;

lutar pelo sucesso apenas para mostrar aos outros; um jogo está sendo disputado; os amigos não apoiam o sucesso e o bem-estar do consulente; um caso de amor entre amigos; competição romântica; rivalidade; interesses mistos; um conflito de propósito; ideias concorrentes; recusa em desistir de uma briga.

Invertida: fim das discussões mesquinhas; abandonar ou perder uma luta; o consulente se cansa de lutar para superar os concorrentes e teme a derrota; distanciamento entre um grupo de amigos; um rival sai vitorioso; uma competição chega ao fim; insegurança em relação à capacidade de obter autoridade ou aclamação; desejo obsessivo de superar seus companheiros.

Usos mágicos: use esta carta em feitiços para representar discussões, concorrência ou argumentos mesquinhos. Cubra-a com a Temperança para trazer paz ou com o Imperador para sair por cima.

Seis de Paus

Descrição: vitória conquistada; honra concedida; promoção; aumento no status; respeito; sucesso; dignidade; divulgação das próprias realizações; influência; autoridade; liderança; ser respeitado, apreciado e admirado; status social ou posição de

Os Arcanos Menores

autoridade que define uma das críticas acima; esforço para construir boa reputação; confiança de um vencedor; recompensas obtidas; demonstração superficial ou excessivamente grande de respeito simulado; o Imperador desfila em seu traje de aniversário e ninguém parece se importar.

Invertida: aquele que é homenageado pela sociedade, mas não merece respeito; derrota; vitória vazia; fraude; líder corrupto; recompensa imerecida; não obter crédito onde merecia; distribuição injusta de elogios e outras recompensas; obter o que era desejado, mas não experimentando o prazer esperado; constrangimento; reputação danificada; falta de gratidão ou apreciação.

Usos mágicos: use esta carta em magia para trazer sucesso, honras e promoções, ou para aumentar sua autoestima e confiança. Invertida é útil para provocar a exposição de uma fraude ou para representar uma figura de autoridade corrupta ou um sistema injusto de recompensa.

Sete de Paus

Descrição: superação das adversidades; bravura; valentia; negociações; conflito; assertividade; sucesso, apesar da concorrência ou de outros obstáculos; sentir-se no topo do mundo; desempenho de pico; negatividade ou combatividade nas pessoas ao redor do consulente; desafios devem ser enfrentados e contratempos conquistados para obter sucesso; determinação e perseverança conduzem a pessoa a um momento difícil; posição de poder; dominação; ter vantagem.

Invertida: obstáculos e dificuldades; falta de ação; falha em se autoafirmar; perda de uma batalha; ineficácia; falta de coragem na superação das adversidades; uma maior bravura se faz necessário; negociações fracassadas ou desfavoráveis; o conflito enfraqueceu o consulente; sentindo-se derrotado e em desacordo com o mundo; rendição; estar em menor número ou ser oprimido; sentimento de impotência; ser derrotado pela maioria; sucumbir à multidão; desistir; falhar; derrota; a coragem e a capacidade de superar os desafios atuais serão encontrados se alguém adotar uma nova perspectiva e abordar o assunto de um ângulo diferente.

Usos mágicos: carta útil para magia destinada a superar obstáculos e desafios que impedem o sucesso, ou para ajudar a colocá-lo no topo de seu jogo. Ideal para aumentar a coragem, a bravura e para incentivar a confiança ao enfrentar as adversidades. Invertida, pode ser usada para perturbar a estrutura de poder atual e para resultados em uma hierarquia de mudança; a derrubada de um rei.

Oito de Paus

Descrição: progresso rápido em direção a um objetivo; movimento; rapidez; ação rápida; indo na direção certa para alcançar um objetivo; uma abordagem direta e ousada leva a um rápido sucesso; as dores do amor, como se estivessem sendo levadas ou varridas de repente; exibição aberta de afeto; um relacionamento está se movendo rapidamente; algo procurado através da magia em breve chegará; notícias importantes ou uma mensagem aguardada está a caminho; comunicação; pensamento rápido; viagens aéreas.

Invertida: o progresso está atrasado; ação interrompida ou falha; intenção ou ação equivocada; trabalhar em direção a um objetivo indigno; uma nova abordagem se faz necessário; direção errada para alcançar objetivos; pensar em um problema sob uma nova luz produzirá uma solução; falta de comunicação; ciúme que causa sérios conflitos; uma chegada esperada está atrasada; voo atrasado ou cancelado; o feitiço falhou e deve ser reformulado de um ângulo diferente.

Usos mágicos: use esta carta para ajudar a acelerar os feitiços e para que a magia abra um caminho rápido e desimpedido para o sucesso. Pode ser útil em feitiços para manifestar mais oportunidades de viagem, incentivar a comunicação clara e direta ou sempre que uma situação específica precisar de um pequeno empurrão da magia para que as coisas se movam na direção certa. Invertida ela é útil para interromper, atrasar ou dificultar os planos e ações que já estão ou em breve estarão em movimento.

Nove de Paus

Descrição: tédio; renúncia; estar em guarda; falta de interesse nos deveres; hesitação em deixar uma posição designada, apesar de sua labuta; alerta; vigilância; defensividade; perigo que se aproxima; manter a contragosto seus deveres, por necessidade;

proteção de inimigos; assumir paredes e barreiras emocionais grossas; restrições autoimpostas; um complexo de mártires; um guerreiro ferido; aquele que foi magoado e derrotado repetidamente; pessoa que sofre abuso físico ou mental; magia defensiva; situação ameaçadora que coloca a pessoa em alerta; insegurança; aquele que guarda cuidadosamente suas emoções ou que espera o pior devido a experiências passadas de ser ferido ou traído; suspeita.

Invertida: é necessário um vigia ou guarda mais próximo; as defesas foram penetradas; ataque mágico; tédio superado; inseguranças deixadas para trás; os velhos sentimentos de defensividade ou suspeita podem ser transformados; pular uma responsabilidade; um inimigo se aproxima; um escudo está quebrado; uma parede desmorona e uma máscara quebra.

Usos mágicos: use esta carta na magia defensiva para ajudar a proteger o perigo que se aproxima ou para impedir que uma situação ameaçadora ocorra. Também pode ser usada para representar inseguranças ou outras paredes emocionais. Inverta-a ou gire-a de frente para fazer essas paredes caírem. Usada Invertida, pode servir para representar um ataque mágico. Vire-a de frente para acabar com a magia.

Dez de Paus

Descrição: movimento sem um plano ou curso claro de direção; um tempo para pegar e ir embora; um acúmulo de energia; afastar-se da energia, o talento e os recursos de uma situação específica; movimento apressado e difícil; progresso impedido, no entanto, ainda um progresso; atuar com os encargos obscurecem a visão; ser expulso, demitido ou banido; carregar uma carga maior do que se pode lidar; um fardo; pressionar, apesar das dificuldades; necessidade de diminuir o estresse; estar muito sobrecarregado ou assumir uma carga excessiva; exaustão; trabalho físico; a sensação de estar trabalhando demais; estar muito concentrado no próprio trabalho ou em outros estresses fez com que a pessoa prestasse menos atenção às pessoas ao seu redor; seguir em frente apesar do fato de ainda não saber exatamente para onde está indo.

Invertida: não conseguir se livrar de algo que esteja sobrecarregando a pessoa, distorcendo sua perspectiva ou bloqueando seu próprio caminho; iluminar uma carga alheia; fardo levantado; colapso causado por pura exaustão, obrigando a diminuir o estresse e dar um passo atrás; necessidade de usar todas as ferramentas e talentos disponíveis para obter o melhor benefício em busca de uma nova direção; desejo de examinar mais de perto para onde se está indo; falta de preparação e planejamento que pode ou não ser evitável; uma tentativa fracassada e mal planejada de um novo começo; objeto perdido ou deixado para trás.

Usos mágicos: use esta carta em feitiços para representar encargos e tensões. Inverta-a ou vire-a para ajudar a aliviar sua carga. Invertida, ela pode ser usada para ajudar a trazer clareza quando você sentir que não consegue ver a floresta por causa das árvores.

Pajem de Paus

Descrição: uma mensagem ou mensageiro; notícias inesperadas; novas superfícies de informação; comunicação e conversa significativas; um estranho; fidelidade e lealdade; indivíduo obediente e responsável; estar em posição de serviço; um jovem que está entusiasmado e deseja assumir mais responsabilidade; fofocas de cortesia; viajante; viagem; algo ou alguém inesperado desempenha um papel importante.

Invertida: más notícias; o contato precisa ser feito com um ente querido; procrastinação; uma mensagem está atrasada; conversas inibidas, restritivas, confusas ou superficiais; falta de comunicação; a carta significa uma pessoa perturbada ou que está em desacordo com o consulente; um estranho desagradável e indesejável; ser inóspito; irritação por não ser confiável com mais responsabilidade; falta de fidelidade ou lealdade.

Usos mágicos: utilize esta carta para feitiços e encantamentos destinados a trazer notícias, melhorar a comunicação, o senso de dever e a responsabilidade de alguém. Também pode ser usada para representar um estranho ou um viajante.

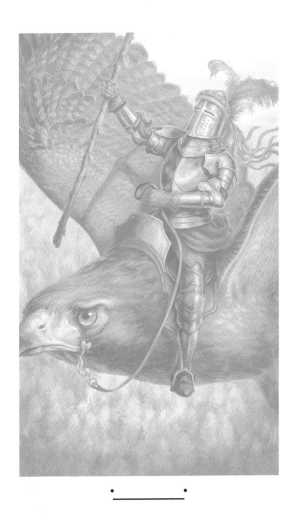

Cavaleiro de Paus

Descrição: certeza de propósito; competência; prontidão; pessoa enérgica, sociável e segura por si mesma; um indivíduo que se considera um pouco superior a si mesmo; uma pessoa que valoriza suas próprias ideias e despreza as ideias dos outros; ser pomposo ou agressivo demais para tentar entender o argumento; embarcar com coragem em um caminho para atingir um objetivo; progresso caótico ou irregular, no entanto, progredindo; caminho forjado; ideias não convencionais; abordagem ousada e incomum; inteligência; um intelectual; aquele que gosta de filosofar e talvez de exagerar; quem gosta de marcar seu próprio curso e fazer as coisas do seu jeito; energia incontrolável e irregular; uma viagem.

Invertida: a incerteza sobre qual direção deve ser tomada para atingir uma meta; hesitação; incompetência; jornada infeliz; uma pessoa que a carta representa está em desacordo com o consulente ou precisa de ajuda; falha em fazer a voz ser ouvida; é necessário um plano mais decisivo ou mais convencional; necessidade de definir mais claramente os objetivos e o sentido do sucesso; um empreendimento mal aconselhado que deve ser abandonado.

Usos mágicos: use esta carta em feitiços para ajudar a forjar novos caminhos e obter aceitação para planos e ideias não convencionais. Invertida, use-a para manifestar uma verificação da realidade quando um indivíduo excessivamente pomposo ou egoísta precisar ser rebaixado para que não continue a causar mais danos às pessoas ao seu redor.

Rainha de Paus

Descrição: indivíduo gentil e calmo, um pouco reservado, mas sociável; pessoa que tem profundo amor pelos animais e uma genuína apreciação pelo mundo natural; compaixão; simpatia; aquele que é um fornecedor de paz; uma situação envolvendo um animal; objetividade; ser capaz de deixar de lado as coisas que não servem mais ao consulente; liberar apegos; um indivíduo que construiu sucesso por conta própria; liderança; confiança; capacidade; independência; certeza de si mesmo; sentir-se confortável na própria pele; autossegurança e consciência.

Invertida: uma pessoa que esta carta representa está incomodada ou em desacordo com o consulente; um amante que está sendo infiel; desonestidade; deslealdade; doença ou perda de um animal; é necessário ter calma; falta de carinho e compaixão; é necessária maior confiança nas próprias habilidades; necessidade de ser mais objetivo; é preciso deixar de lado aquilo que não serve mais ao consulente; o senso de identidade de alguém foi perdido e deve ser remodelado e reconstruído.

Usos mágicos: use esta carta em feitiços para ajudar a obter sucesso, independência, autoconfiança, objetividade e liberdade de pensamento. Invertida ela é útil para representar desonestidade, deslealdade ou infidelidade.

Rei de Paus

Descrição: um indivíduo maduro que é compassivo, reservado e fiel; autoconfiança e confiança nas habilidades de alguém para obter sucesso; uma pessoa não convencional e altamente inteligente que optou por fazer as coisas da sua maneira e que alcançou o sucesso como resultado; aquele que leva as responsabilidades a sério; um indivíduo estabelecido, cujas ideias são respeitadas; sabedoria que vem da experiência; uma pessoa fielmente casada; um pai atencioso, mas um tanto difícil; honestidade; estabilidade; autoridade compassiva; responsabilidade e confiança em si mesmo leva ao sucesso; um líder estabelecido; justiça; liderança boa e justa.

Invertida: uma demonstração de autoridade corrupta ou injusta; tendo que se submeter às ideias equivocadas de outro; uma pessoa que a carta representa está com problemas ou está em conflito com o consulente; liderança questionada; a experiência de alguém não está sendo levada em consideração; não estar à altura de suas responsabilidades; necessidade de assumir um papel mais ativo; desonestidade; uma necessidade de ser mais gentil e compassivo; desacordo com uma ideia altamente elogiada; desrespeito por uma figura de autoridade geralmente exaltada; um líder ineficaz.

Usos mágicos: use esta carta em feitiços para melhorar a confiança, estabelecer autoridade ou obter respeito pelas ideias e experiência de alguém. Também pode ser usada para representar a ideia do sucesso estabelecido que foi construído ao longo do tempo. Invertida, pode ser útil para derrubar um líder ineficaz ou corrupto.

Ás de Espadas

Descrição: o elemento Fogo; defesa; destruição; aviso de perigo ou desastre iminente; demonstração de força; viver uma vida de mãos dadas com intensa dor física ou emocional; dor que se tornou raiva; ódio; dominação; oposição; argumentos; conflito;

um inimigo; oportunidade de banir energias negativas da vida de alguém; poder; autoridade; um caminho fica iluminado e o indivíduo está pronto para perseguir seu destino com tudo o que eles têm.

Invertida: fim de uma briga ou outra situação negativa; libertação da dor e da raiva; colocar um velho rancor para descansar; encontrar perdão; trégua; necessidade de permanecer em guarda; falha em exercer poder e autoridade onde é necessário; derrota.

Usos mágicos: use esta carta para trazer poder e força adicionais à magia defensiva ou protetora. Invertida ela é útil em feitiços e encantamentos para acabar com conflitos grandes e pequenos e em meditações e rituais para ajudar a deixar de lado qualquer dor, tristeza ou raiva que possa bloquear a pessoa.

Dois de Espadas

Descrição: conflito interno; divisão; secretividade e ocultação; esconder os verdadeiros planos e motivos de alguém; informações valiosas que ainda não vieram à tona; oposição desconhecida; enfrentar calmamente forças negativas; lidar com a dor de

Os Arcanos Menores

alguém com aceitação e graça; lutar para tomar uma decisão no momento em que ela deve ser tomada; mais pesquisas e pensamentos cuidadosos serão necessários para fazer a melhor escolha; aguardar um período de negatividade ou conflito passar sem tomar passos drásticos; recusa em tomar partido em um desacordo; insight psíquico; receber informações dos reinos astrais ou espirituais; opções desagradáveis deixam o consulente imobilizado; incapacidade fingida de agir; o peso das opções; tristeza contida; autocontrole; autoilusão e a recusa do consulente em ver o que está bem na sua frente; pode haver opções que o consulente ainda não considerou; preparar-se para a batalha esperando o pior.

Invertida: novas informações vêm à tona; uma revelação leva a uma nova ação; uma decisão é tomada; a ansiedade aumentará assim que um caminho definido for escolhido; estresse e preocupação trazidos de um ambiente negativo ou de um longo período de inação; a hora de agir chegou; o que estava oculto é revelado; uma batalha é abandonada; um inimigo está exposto.

Usos mágicos: carta útil para meditações que vão ajudar a limpar sua mente antes de tomar uma decisão, excelente para aumentar habilidades psíquicas e uma boa ajuda à comunicação espiritual. Além disso, uma adição útil quando se trabalha com magia ou tomada de ações que prefere manter ocultas.

Três de Espadas

Descrição: tristeza; pesar; dor de um coração partido; rompimento; correspondência insatisfatória que trará apenas problemas; brigas entre amantes; uma condição física cardíaca; um acidente, desastre ou tragédia; as ações do consulente causam tristeza aos outros; uma mente perturbada; um colapso emocional; um amor que não é devolvido; feridas antigas são rasgadas; a dor atual ou a memória de ser traída ou abandonada; depressão profunda que requer atenção.

Invertida: um coração partido começa a se consertar; tristeza e consternação, mas com esperança e fé de que as coisas vão melhorar; um rompimento que é o melhor; experiência trágica ou traumática que requer mais processamento e cura antes que se possa avançar; uma tristeza inesperada se abateu sobre o consulente; desligar as emoções; uma escolha de celibato sobre a mágoa potencial que um relacionamento íntimo poderia trazer.

Usos mágicos: carta útil em rituais e meditações destinados a ajudar a processar a dor ou outras formas de trauma emocional, boa para curar as feridas deixadas para trás em um rompimento. Permita-se sentir sua tristeza ao olhar para a carta e, em seguida, reverta-a quando estiver pronto para iniciar o processo de seguir em frente.

Quatro de Espadas

Descrição: morte de uma pessoa, ideia ou projeto; solidão; introspecção; repouso; doença; tempo de quietude antes de uma nova fase da vida; um período de morosidade espiritual; a noite sombria da alma; período de inação; encerramento; retirar-se de si mesmo; recuperação; renúncia; sentir-se morto por dentro e desprovido de emoção; evitar a vida; necessidade de sair e voltar a fazer novamente; dormir demais; o conhecimento, o poder e a inspiração são recebidos através de sonhos; sonho lúcido.

Invertida: um período de descanso ou inação se aproxima do fim; reconectar-se a vida após um período de retirada; despertar espiritual; recuperação; voltar da beira da morte espiritual, física ou emocional; dormir demais como resultado de depressão ou ansiedade persistente, que devem ser abordadas; falta de encerramento; o consulente passou muito tempo fora da realidade, é hora de enfrentar o mundo novamente.

Usos mágicos: carta útil para ajudar o sonho lúcido ou profético, ou em meditações para trazer solidão e introspecção. Invertida e coberta com uma carta de cura, como o Ás de Copas ou a Temperança, por exemplo, serve para ajudar a trazer a cura.

Cinco de Espadas

Descrição: continuar a causar conflitos quando outros desistiram da luta; constrangimento; complexo de inferioridade; uma vitória vazia; rejeição; sentir-se desanimado; suspeita infundada; paranoia; comportamento excessivamente protetor; a insegurança leva a sentir que todos estão contra, quando na realidade ninguém está nem prestando atenção; abrigar a dor, a raiva e a negatividade, após uma situação ruim que passou; lutar para se encaixar; sentir-se ostracizado e inaceitável; automutilação; uma luta que deve ser abandonada; exibir as feridas da batalha por muito tempo após o término da luta; vergonha.

Invertida: vulnerabilidade; deserção; derrota; fofoca; inimigos posando como amigos; abandonar uma luta; derramamento de velhos hábitos, dissipando a negatividade; deixar de lado as dores passadas; a autoaceitação é vencida indo além das limitações e expectativas externas para seguir o próprio coração; evitar conflitos na esperança de se encaixar.

Usos mágicos: carta útil em rituais e feitiços projetados para ajudar a superar as inseguranças ou para deixar de lado a dúvida ou a culpa. Olhe para a carta enquanto pensa nos sentimentos dos quais deseja se livrar, depois, reverta a carta enquanto se imaginava rompendo os velhos padrões de pensamento negativo para se ver exatamente como você quer ser.

Seis de Espadas

Descrição: passar por um julgamento difícil; carregar um fardo; seguir em frente, mas mantendo a tristeza e a dor; progresso constante e duradouro; ser retido ou sobrecarregado por circunstâncias ou outras pessoas; incomodar-se para ajudar um amigo;

puxar mais do que seu próprio peso; um julgamento espiritual é necessário; viagem feita com dificuldade e atraso; progresso apesar do perigo; agarrar-se a dores passadas; necessidade de ajuda; dependência do poder dos outros; sacrifício feito para ganhar algo muito desejado; travessia; jornada espiritual; questões emocionais não resolvidas que estão pesando os traumas passados devem ser processados se quiserem avançar.

Invertida: se libertar de um fardo; os obstáculos serão removidos e o progresso acelera; deixar de lado a dor e a tristeza torna possível o sucesso; algo está perdido em uma jornada; as coisas estão finalmente começando a acontecer, após um período de lentidão ou atraso; uma busca espiritual ou outra jornada emocional ou física não está funcionando ou não vale a pena; o sacrifício é insuficiente; um pedido mágico foi rejeitado; ir em direção a uma meta que o consulente não deseja; o progresso mais rápido pode ser obtido se o peso morto for descartado.

Usos mágicos: carta útil em feitiços e rituais projetados para aumentar a coragem e a sorte em buscar novos horizontes em meio a desafios ou dificuldades inevitáveis. Ideal para resgates de almas e outras formas de magia para recuperar algo precioso que foi perdido. Apropriada para rituais destinados a comemorar uma vitória sobre um grande obstáculo ou uma fonte de dor. Invertida ela é útil em magia projetada para liberar dores passadas, aliviar os encargos atuais e a ansiedade, quebrar pactos, remover hexágonos ou acelerar as coisas.

Sete de Espadas

Descrição: deixar uma situação com pressa; algo foi perdido ou esquecido; um roubo; movimento apressado; decidir agir apesar da falta de planejamento e preparação; pensamentos dispersos e energias díspares; reunião de poder; comportamento sorrateiro;

escapar impune; entrar em ação antes de alguém estar pronto para fazê-lo; saída rápida; escapadas; vivendo uma vida em fuga; tentando fugir de problemas que inevitavelmente o perseguem; um sacrifício é feito em troca do curso atual de ação; descuido que pode resultar em cometer um erro; olhar para trás em uma situação que foi abandonada ou deixada de lado; dispersão de energias; lutar para pegar as peças após uma mudança abrupta do destino; alma fragmentada que requer conserto.

Invertida: a preparação e o planejamento são exagerados e causa atrasos desnecessários; uma pessoa em fuga é capturada; um objeto perdido é encontrado; um roubo é frustrado ou evitado; motivos e ações furtivos são expostos; ser pego em flagrante; algo esquecido foi lembrado; algo deixado para trás foi recuperado; união de forças dissipadas; juntar as peças; decidir contra um curso de ação apressado.

Usos mágicos: carta útil em feitiços e encantamentos para levar ao retorno de itens perdidos ou roubados, ou em magia para fazer com que os atos secretos sejam expostos. Invertida ela é útil para impedir que um acordo passe do tempo ou para interromper ações apressadas e esquemas equivocados.

Oito de Espadas

Descrição: ser fisicamente ou emocionalmente preso ou restrito; sentir-se impotente; controle, crueldade e dominação; a dor de um relacionamento abusivo; o conforto da submissão; inibição; estar preso em uma gaiola feita por si mesmo ou em outra prisão ilusória; um espírito restrito e oprimido; dependência; vícios; um prisioneiro ou cativo; ser incapaz de agir em circunstâncias atuais; prisão; energia restrita; usar a magia para vincular ou restringir; aprender a controlar o poder de alguém; o sofrimento e as dificuldades ligam o espírito; possessividade; escravidão; restrição; um sequestro; os laços que nos unem estão começando a nos deixar em carne viva; há uma saída para a situação atual se alguém abrir os olhos e procurar novas soluções.

Invertida: liberdade obtida; espera por independência; os laços desagradáveis estão quebrados; uma ação positiva é possível; limitações e restrições são desafiadas; regras são quebradas; inibições são esquecidas; um vício desafrouxa quando enfrentado com suporte; defender alguém que o está dominando, controlando ou sendo cruel; a liberdade espiritual é obtida pela separação mental da dor; um prisioneiro é libertado.

Usos mágicos: carta útil para feitiços de ligação e outras magias destinadas a restringir ou conter uma força contrária ou ameaça. Invertida ela é útil em feitiços para ajudar a quebrar vícios ou trazer libertação para os abusados ou oprimidos.

Nove de Espadas

Descrição: luto e tristeza; as consequências de uma luta; tristeza persistente; dor emocional duradoura; vivendo com dor física; luto; um argumento é arquivado; processo de cura; experiências dolorosas do passado continuam a assombrar o consulente; um coração partido que resiste e tenta se consertar; estar preso em um ciclo de sofrimento perpétuo; depressão; fraqueza e exaustão; decepção severa; insistir em torno de velhas feridas emocionais inibe o potencial atual de alguém; um tempo de tristeza e inação está passando; chegou a hora de encontrar a cura emocional necessária para permitir que alguém avance e aproveite a vida.

Invertida: um argumento ou outro conflito precisa ser encerrado; um tempo de conflito ou tristeza passa; tomar medidas para voltar a se envolver com a vida; retomar uma briga antiga; dores anteriores e memórias não processadas continuam a debilitar uma pessoa no momento presente; afastar-se da depressão ou do luto é parte integrante da saúde e do bem-estar; um humor sombrio começa a se levantar.

Usos mágicos: na magia, carta destinada a vincular, restringir ou inspirar remorsos. Invertida ela é útil para ajudar a libertar os padrões negativos e iniciar e avançar no processo de cura. Contemple sua luta enquanto olha para a carta na vertical, imagine toda a diversão que você está perdendo e depois se imagine aproveitando a vida ao máximo enquanto vira a carta para a posição invertida.

Dez de Espadas

Descrição: acidente; tragédia; karma ruim; desastre; vingança ou desejo de vingança; traição; apunhalada; um rei é derrubado; lesão física; dor emocional intensa que deixa despedaçado e com um sentimento de derrota; extrema tristeza; amigos e aliados se

Os Arcanos Menores

voltam contra o consulente; um aviso sério de que grande cautela e vigilância é necessária; cavar o próprio túmulo; será preciso uma grande mudança positiva para evitar o desastre; dor intensa e sofrimento; maldição e outras formas de ataque mágico; estar paralisado ou preso por sentimentos de mágoa que os entes queridos do passado ou do presente lhe infligiram; ser selecionado e escolhido para um novo contrato ou outra oportunidade, porém este simbolismo é indicado apenas raramente e quando as cartas circundantes apoiam esta interpretação.

Invertida: o perigo e o desastre serão evitados apenas se a cautela for exercida e as alterações forem feitas imediatamente; superar os inimigos para escapar da derrota; culpa sobre as próprias ações desagradáveis; aversão ética ou moral; escape de desastre por pouco; comportamentos de risco devem ser restringidos; alianças desagradáveis devem ser quebradas; uma tentativa de buscar vingança trará desastres e deve ser abandonada; um triunfo temporário em uma situação que deve ser evitada todos juntos.

Usos mágicos: use esta carta em feitiços para fazer com que o karma de uma pessoa o encontre rapidamente, ou pelo poder extra de pôr um fim a uma força extremamente desagradável, destrutiva, perigosa ou ameaçadora. Invertida ela é útil em magia para quebrar maldições e levantar a mágoa de traições passadas e outras feridas emocionais. Também é útil na posição invertida para os encantamentos de cura destinados a diminuir ou remover a dor física.

Pajem de Espadas

Descrição: coragem e bravura, apesar da inexperiência; ânsia de provar seu valor; um jovem que tem vontade de vencer obstáculos; um indivíduo que é seguro de si, ousado e talvez um pouco descarado em suas ações; uma pessoa imatura ou desonesta;

comportamento ousado ou impetuoso; desonestidade; ação imprudente; agir sem pensar; antecipação; irreflexão; egoísmo; comportamento egocêntrico e egoísta; excitação; ânsia pela experiência; deixar-se levar pelo momento; não ter a habilidade ou a experiência necessárias para atingir os objetivos; adotar uma abordagem ousada e direta ajudará a atingir melhor seus desejos; entusiasmo; confiança que talvez seja infundada; espontaneidade; tirar vantagem de uma situação; aproveitar uma oportunidade; arrogância; risco; imaturidade; aventura; irresponsabilidade.

Invertida: medo de não estar à altura do desafio; falta de entusiasmo; o medo e a ansiedade estão impedindo o consulente de fazer as coisas que mais quer fazer; uma mentira é exposta; mais experiência deve ser obtida antes que se obtenha sucesso; arrependimento por ações impensadas ou decisões precipitadas; uma pessoa que a carta representa está perturbada ou em desacordo com o consulente; deixar a oportunidade passar por medo de não estar preparado ou pronto; busca por maior responsabilidade; ações irresponsáveis devem ser cortadas em vez de ativadas; permitir que o outro tire proveito; assumir tarefas que não é qualificado para lidar; resistência a correr riscos.

Usos mágicos: carta útil em feitiços e encantamentos destinados a incentivar maior espontaneidade e aumentar a confiança, a coragem e a ousadia. Invertida ela é útil para expor mentiras e fazer com que comportamentos enganosos venham à tona.

Cavaleiro de Espadas

Descrição: um indivíduo com um coração verdadeiro e espírito independente; uma pessoa com coragem, ousadia e um forte senso de certo e errado; progresso rápido garantido; um novo caminho é forjado; busca energética; cobrança para a realização de uma meta; defender o que é certo; ir atrás do que quer sem hesitar; não ser impedido por obstáculos; bravura e cavalheirismo; certeza; vigor; força; propósito; a verdade prevalece; vitória para os desfavorecidos; o ideal/ilusão romântica do cavaleiro de armadura brilhante; escolher o caminho certo em vez do caminho fácil; enfrentar um obstáculo; manter-se firme; confie no coração, pois ele já sabe o que fazer.

Invertida: o medo está atrapalhando o que se sabe que é certo; desistência quando confrontado com obstáculos ou oposição; seguir o caminho fácil sobre o caminho certo; ações desonrosas; recuar de uma luta; forças negativas prevalecem temporariamente; o progresso rápido é desejado, mas é impedido; um desafio e resistência estão desgastando a determinação de alguém; uma pessoa que a carta significa é perturbada ou está causando problemas; um inimigo agressivo que busca conflito com o consulente.

Usos mágicos: carta útil em trabalhos de feitiços destinados a encorajar a verdade, triunfar e agir corretamente e prevalecer, ou em magias para trazer a vitória aos desfavorecidos. Também pode ser usada em trabalhos de magia para representar a ideia de um amante íntegro, ousado, corajoso e cavalheiresco ou para aumentar o senso de confiança e bravura. Invertida, pode ser usada para impedir o progresso ou para fazer com que os envolvidos em um conflito recuem ou deem uma trégua.

Rainha das Espadas

Descrição: falta de um ente querido; solidão; um indivíduo poderoso, determinado, tenaz e reservado; pessoa em luto; anseio pelo distante ou inatingível; um líder forte e confiante; profundo senso de saudade que permanece insatisfeito; atenção exagerada

Os Arcanos Menores

em pensamentos do passado ou do futuro; aquele que usa uma máscara grossa; manter ou utilizar a posição de autoridade de alguém; graça; determinação; memória persistente; tristeza interior e calma externa; fachada impenetrável; fechar-se para os afetos; um indivíduo inteligente que está um pouco distante; a dor de alguém em silêncio; uma pessoa capaz de suprimir seus desejos imediatos para alcançar objetivos maiores.

Invertida: pessoa não confiável; algo ou alguém que tenha sido muito perdido em seus retornos; uma fachada calma é quebrada; a máscara está rachada; liderança egoísta; determinação e resolução começam a vacilar; um desejo é satisfeito; anseios ou memórias de longa data são deixados no passado; uma pessoa que a carta representa está perturbada ou em desacordo com a queixa.

Usos mágicos: use esta carta em feitiços para ajudar a reforçar a resolução, determinação e autoridade, ou em rituais e outros trabalhos mágicos que visam a se reconectar com o passado. Invertida ela é útil para revelar a verdade ou para recuperar o que foi perdido ou deixado para trás.

Rei das Espadas

Descrição: pessoa poderosa e de autoridade; um indivíduo seguro e egoísta; um chefe; pessoa dominante ou controladora; governar com punho de ferro; disciplina; alguém que serve nas forças armadas ou trabalha na aplicação da lei; força; dominação;

violência e abuso; crueldade; conflito e negatividade; pai rigoroso e severo; raiva; querelas; poder; demonstração de autoridade; submissão às regras de outra pessoa; governo; problema com a lei; inimigo poderoso; aviso de perigo.

Invertida: um inimigo poderoso é conquistado; o controle está quebrado; autoridade perdida ou ameaçada; comportamento abusivo leva a queda; perigo; fraqueza; falta de confiança na liderança de alguém; um governante é derrubado; desrespeito pela autoridade; escapar da opressão; a raiva é deixada para trás; a violência é frustrada; um indivíduo negativo que deve ser banido da vida de alguém; decisão judicial desfavorável; uma pessoa que a carta representa está perturbada ou procura causar problemas.

Usos mágicos: use esta carta em feitiços destinados a aumentar a autoridade ou para reforçar o poder pessoal de alguém. Também pode ser usada em trabalhos mágicos para representar líderes dominantes ou regimes opressivos. Inverta a carta para derrubar a estrutura de potência e interromper a hierarquia.

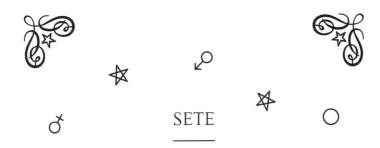

SETE

Métodos de Tiragens

As tiragens de Tarô abundam, cada uma adequada a diferentes circunstâncias e propósitos. Experimente tiragens diferentes para ver quais funcionam melhor para você e para descobrir quando usar cada uma. Neste capítulo, você vai encontrar várias tiragens simples de Tarô para tentar ajudá-lo a começar.

Passado, Presente e Futuro

Esta tiragem direta fornece uma indicação clara da situação atual do consulente, onde ele está no momento e para onde está indo. Misture as cartas em um monte solto e escolha uma carta para o passado, uma carta para o presente e uma carta para o futuro. Cartas adicionais podem ser tiradas conforme necessário para ajudar a esclarecer suas interpretações.

Tiragem de uma carta

Existem várias maneiras de obter informações de uma única carta de Tarô. Aqui estão alguns tiragens fáceis de uma carta para você experimentar. Misture as cartas em um monte solto e pense claramente sobre sua pergunta ao puxar uma única carta:

+ Qual é o tema de hoje?

+ Quais qualidades devo tentar cultivar hoje?

+ Que lição devo aprender hoje?

+ Meu desejo será cumprido?

+ O que fulano está fazendo neste momento?

+ O que posso fazer hoje para ajudar a alcançar meu objetivo?

+ O que estou perdendo na minha vida?

+ O objeto perdido está nesta sala?

+ O resultado será favorável?

+ Este é um bom momento para agir?

+ O que preciso saber agora para me ajudar a ter o melhor dia possível?

+ O feitiço da magia será eficaz?

+ Essa pessoa é confiável?

+ Esta é a verdade?

+ Como posso aprofundar minha espiritualidade?

+ Como posso ir mais longe em minha prática mágica?

Tiragem da Cruz Celta

Esta tiragem é boa para leituras detalhadas no intuito de obter uma ideia da situação ou circunstância geral de alguém. Para uma versão abreviada da mesma tiragem, basta parar na sexta carta. Embaralhe as cartas, corte o baralho se desejar e então comece a partir do topo do baralho na seguinte ordem:

Carta 1: a que cobre você (colocada no centro). Esta carta representa o tema geral ou a essência primária do que está acontecendo na mente e na vida do consulente agora.

Carta 2: a que atravessa você (colocada horizontalmente na carta 1). Esta carta revela o que está em oposição a você, o obstáculo ou desafio que deve superar para alcançar seus objetivos. Como alternativa, pode representar algo que em breve cruzará seu caminho.

Carta 3: abaixo de você (colocada logo abaixo da carta 1). Esta carta simboliza a raiz do padrão ou situação atual em questão e, às vezes, representa o passado mais distante.

Carta 4: atrás de você (colocada à esquerda da carta 1, no que seria a posição das 9 h se você estivesse olhando para um relógio). Esta carta revela o passado mais recente ou mostra o que foi deixado para trás ou pelo que está se afastando.

Carta 5: a que coroa você (colocada acima da carta 1). Esta carta mostra o que se desenvolveu a partir do padrão atual ou, alternativamente, revela o melhor curso de ação ou melhor resultado possível para a situação em questão.

Carta 6: antes de você (colocada à direita da carta 1, no que seria a posição 3 h se você estivesse olhando para um relógio). Esta carta mostra o que está diante de você em um futuro próximo, caso continue tudo igual ao longo do seu caminho atual. Os avisos de se aproximar do infortúnio e profecias dos próximos benefícios são às vezes revelados nesta carta.

Carta 7: onde você está (colocada à direita de todas as outras cartas até agora, em um nível uniforme com a carta 3 ou um pouco abaixo). Esta carta revela onde você está em relação à situação em questão, o que você está sentindo e o que está fazendo.

Carta 8: a que o rodeia (colocada acima da carta 7). Esta carta mostra a influência do ambiente circundante ou revela circunstâncias em andamento nos círculos sociais ou familiares.

Carta 9: seus medos ou esperança (colocada acima da carta 8). Esta carta revela suas expectativas e temores.

Carta 10: o que virá (colocada acima da carta 9). Esta carta representa o que provavelmente acontecerá se os padrões e os cursos de ação atuais continuarem. É muito parecida com a carta 6, a carta "antes de você", só revela um futuro um pouco mais distante e reflete o impacto mais profundo e mais amplo ou um maior significado daquilo que está à frente.

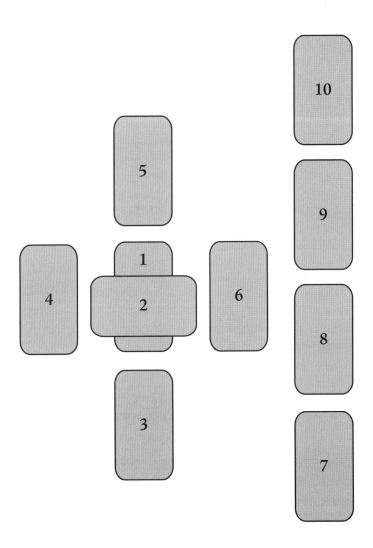

Layout da tiragem da Cruz Celta

Comparando e Contrastando a Tiragem

Esta tiragem é uma boa opção para quem estiver tentando tomar uma decisão ou para selecionar o melhor curso de ação a ser realizado em uma variedade de opções. Embaralhe as cartas em um monte solto e depois pense em cada opção, uma de cada vez, enquanto tira tantas cartas quantas forem chamadas para você. Certifique-se de pensar em cada curso de ação possível distintamente ao puxar as cartas; respire profundamente entre as seleções para ajudar a limpar a mente antes de puxar cada conjunto. Coloque as cartas que você tirou em fileiras ou montes separados e examine cada conjunto por vez, conforme ele se relaciona com a decisão que você tem diante de si. Qual conjunto tem as cartas mais positivas? Qual conjunto parece ter mais problemas? Sinta-se à vontade para puxar cartas adicionais à medida que restringe sua lista de opções para tornar a melhor escolha possível.

Tiragem de Quatro Cartas para Solução de Problemas

Esta tiragem é boa para quando há um problema a ser resolvido e você precisa de mais informações e soluções concretas. Não tire as cartas do topo do baralho como normalmente faz. Em vez disso, embaralhe-as em um monte solto e escolha as cartas uma por uma, pensando no que cada uma delas representa ao puxá-las. Deixe sua intuição guiar suas mãos em direção a cada seleção.

Carta 1: a essência do conflito.

Carta 2: colocada à esquerda da carta 1 – aquilo que está além do seu controle.

Carta 3: colocada à direita da carta 1 – ativos a seu favor.

Carta 4: colocada acima da carta 1 – o melhor curso de ação que você pode tomar agora para avançar e resolver o problema.

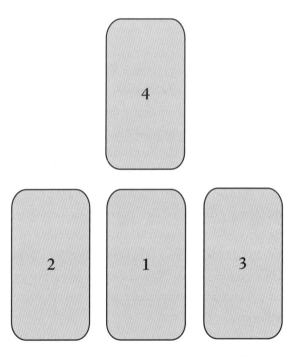

Tiragem de quatro cartas para solução de problemas

Tiragem os Amantes

Use esta tiragem para ajudar a determinar a compatibilidade e obter um vislumbre de onde um relacionamento pode estar indo. Comece escolhendo uma carta para representar cada indivíduo no relacionamento. Coloque-as uma ao lado da outra, cerca de um centímetro ou mais de distância. Agora misture as cartas restantes em um monte solto. Concentre-se na conexão entre as pessoas cuja compatibilidade você está verificando e pense claramente na pergunta: "O que une essas almas?", enquanto seleciona uma carta do monte. Coloque esta carta entre as duas cartas das pessoas.

Agora concentre-se na pergunta: "O que separa essas almas?" e selecione outra carta, desta vez colocando-a abaixo das cartas das pessoas. Agora escolha uma carta final enquanto se concentra na pergunta: "Qual é o potencial final desse relacionamento?" Coloque esta carta acima das cartas das pessoas. O que você vê aqui? Os benefícios potenciais desse relacionamento superam os desafios? A conexão é forte o suficiente para superar as forças que se dividem e a distância? Se a perspectiva for negativa, você poderá selecionar mais cartas enquanto se concentra em maneiras potenciais de melhorar o relacionamento. Se a perspectiva for positiva, convém puxar algumas cartas enquanto pensa em maneiras pelas quais os amantes podem manter sua conexão forte e vibrante.

Criando suas Próprias Tiragens

Todas as tiragens de Tarô existentes foram criadas por alguém; você deve se sentir à vontade para criar a sua própria também. Você pode criar uma tiragem de Tarô para qualquer finalidade e em qualquer design. Enquanto tiver em mente o significado de cada colocação de carta na tiragem, seu layout será eficaz. Junte algumas ideias e, em seguida, desenhe um esboço de sua nova tiragem de Tarô para ter à mão ao fazer a leitura.

Se o seu baralho de Tarô estiver acostumado com uma determinada tiragem, você poderá ter boa sorte no começo embaralhando as cartas em uma pilha e escolhendo cada carta individualmente, em vez de embaralhar e negociar o topo do baralho. As cartas podem ficar meio presas em seus padrões habituais e podem não surgir como você pretende, até praticar a nova tiragem algumas vezes para "ensinar" às cartas.

Seja criativo e tente coisas diferentes. Algumas de suas tiragens podem ser fracas, mas outras serão clássicas amanhã.

O Tarô não é apenas uma ferramenta de adivinhação ou uma ferramenta mágica; é uma ferramenta pessoal. É a sua ferramenta, para ser utilizada da maneira que você desejar.

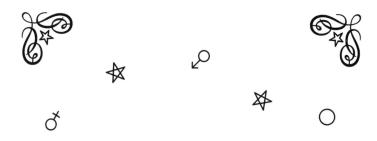

Próximos Passos na Trilha do Tarô

Ao longo deste livro, você adquiriu muito conhecimento sobre o Tarô, desde a interpretação das cartas em uma leitura, até o emprego de seu simbolismo na conjuração e outras práticas mágicas. Se você tem verdadeira paixão e aptidão pelo Tarô, isso não é do fim da jornada. Para o praticante de Tarô dedicado que deseja se tornar um mestre, aprendizado mais profundo e práticas adicionais são missões intermináveis ao longo da vida.

Agora que você concluiu este livro de Tarô, é hora de continuar suas explorações. Pratique a leitura do Tarô o mais rápido possível, lendo para amigos e estranhos, lendo em eventos públicos, em festas, fora ou dentro do seu ambiente – leia quaisquer que sejam as suas oportunidades, aproveite ao máximo cada chance para praticar, aprenda e cresça. Leia os livros de Tarô escritos por uma ampla variedade de autores de diferentes origens, antigas e contemporâneas. Faça uma aula sobre o Tarô ou participe de um grupo social onde poderá compartilhar ideias e discutir os meandros da prática com outros buscadores que pensam da mesma forma.

Se você está apenas começando sua jornada de Tarô, pode ser difícil aceitar e acreditar em suas habilidades o suficiente para permitir a chance de florescer completamente. Lembre-se de que o Tarô é, acima de tudo, o dispositivo de um contador de histórias; se você sabe contar uma história, sabe ler o Tarô. Mesmo se não tiver muita certeza ou estiver desacreditado do significado de algumas cartas, se deixar sua intuição e pensamento criativo assumirem a liderança, provavelmente poderá oferecer aos consulentes algumas ideias valiosas e conselhos sólidos.

Confie em seus instintos e saiba que suas habilidades e sabedoria aumentam à medida que sua confiança e experiência se expandem. Quanto mais familiaridade adquirir com o Tarô, níveis cada vez mais profundos de significado e simbolismo nas cartas, insights e entendimentos que simplesmente não conseguem se encaixar nas palavras em uma página em um livro se apresentarão a você.

O Tarô é uma ferramenta para desbloquear o poder inerente de sua própria mente psíquica e subconsciente. É uma chave que pode abrir muitas portas, mas cabe a você liderar o corredor que vem a seguir.

Leitura Recomendada

Meister, Gary. "Secrets of Tarot Numerology: Lessons 1-12." *Tarot Reflections*, April 5, 2008. Accessed August 5, 2015, http://www.ata-tarot.com/reflections/04-05-08/secrets _of_tarot_numerology.html.

Moore, Barbara. *Tarot for Beginners: A Practical Guide to Reading the Cards*. Woodbury, MN: Llewellyn Publications, 2010.

Papus. *The Tarot of the Bohemians*. 1892. Reprint. Digital edition. Accessed August 5, 2015, http://www.sacred-texts.com/tarot/tob/.

Waite, Arthur Edward. *The Pictorial Key to the Tarot*. 1911. Reprint. Digital edition. Accessed August 5, 2015, http://www.sacred-texts.com/tarot/pkt/.

Weschcke, Carl Llewellyn, and Joe H. Slate, PhD. *The Llewellyn Complete Book of Psychic Empowerment*. Woodbury, MN: Llewellyn Publications, 2011, Chapter 26, "The Tarot: Your Path to Good Fortune," 435–438.

Quinn, Paul. *Tarot for Life*. Wheaton, IL: Quest Books, 2009.

Anotações

Anotações

Anotações

Anotações

Tiragem Personalizada

Nome: _____

Número de cartas: _____

Descrição da montagem:_____

Detalhes da tiragem: _____

_____

_____

_____

_____

Tiragem Personalizada

Nome: _____

Número de cartas: _____

Descrição da montagem:_____

Detalhes da tiragem: _____

_____

_____

_____

_____

Tiragem Personalizada

Nome: _____

Número de cartas: _____

Descrição da montagem:_____

Detalhes da tiragem: _____

_____

_____

_____

_____

Tiragem Personalizada

Nome: _____

Número de cartas: _____

Descrição da montagem:_____

Detalhes da tiragem: _____

_____

_____

_____

_____